suhrkamp taschenbuch
wissenschaft 2098

Johann Gottlieb Fichte gilt als der Begründer des Deutschen Idealismus. Seine Philosophie erörtert, was Wissen und Bewußtsein sind; daher nennt er sie Wissenschaftslehre – Lehre vom Wissen an sich. Wilhelm G. Jacobs führt in diese Wissenschaftslehre sowie allgemein in die philosophischen Probleme der Zeit um 1800 ein. Er orientiert sich dabei sowohl an den philosophischen wie auch an den sogenannten populären Schriften Fichtes und zudem an den so oft mißverstandenen und mißbrauchten *Reden an die deutsche Nation*. Seine Einführung bietet auf diesem Weg einen grundlegenden Einstieg für Studierende der Philosophie und überhaupt für jeden an dieser revolutionären Zeit interessierten Leser.

Wilhelm G. Jacobs ist Professor für Philosophie an der Ludwig-Maximilians-Universität München. Zuletzt erschien von ihm im Insel Verlag: *Johann Gottlieb Fichte. Eine Biographie* (2012).

Wilhelm G. Jacobs
Johann Gottlieb Fichte

Eine Einführung

Suhrkamp

2. Auflage 2026

Erste Auflage 2014
suhrkamp taschenbuch wissenschaft 2098

Umschlag nach Entwürfen von Willy Fleckhaus und Rolf Staudt
Druck und Bindung: C. H. Beck, Nördlingen
Printed in Germany
ISBN 978-3-518-29698-1

Suhrkamp Verlag GmbH
Torstraße 44, 10119 Berlin
info@suhrkamp.de
www.suhrkamp.de

Inhalt

Vorwort

Die vorliegende Einführung geht auf eine Vorlesung zurück, die ich zu Fichtes 250. Geburtstag im Sommersemester 2012 und nochmals zu Fichtes 200. Todestag im Wintersemester 2013/2014 an der Ludwig-Maximilians-Universität in München gehalten habe. Neben den Vorlesungstexten ist in das vorliegende Buch der Festvortrag eingegangen, den ich bei der Feier von Fichtes 250. Geburtstag in Rammenau halten durfte. Die Texte sollten das Verständnis der Philosophie Fichtes erleichtern und zum Studium derselben ermuntern. Zugleich war es auch das Ziel der Vorlesung, Mißverständnisse der Philosophie Fichtes, wie sie bis heute in deren Rezeption begegnen, auszuräumen. Diese Intentionen bleiben dem vorliegenden Buch erhalten.

Eine Einführung mit Auseinandersetzungen bezüglich der Auslegung und des Wahrheitsgehaltes des Denkens eines Philosophen zu verbinden, dürfte die Aufgabe der Einführung eher behindern, wenn nicht gar verhindern. Ich habe sie daher unterlassen. Grobe Mißverständnisse und verfehlte Darstellungen sind entsprechend dem Vorhaben, diese auszuräumen, zurückgewiesen.

Dem Zweck der Einführung gemäß habe ich aus Fichtes Werk solche Texte zur Grundlage dieses Buches ausgewählt, die ihrerseits einführenden Charakter haben, oder solche, die Fichte selbst als populär bezeichnet hat. Zusätzlich gehe ich auf den ersten Teil der *Grundlage der gesammten Wissenschaftslehre* ein, da dieses Buch sowohl grundlegend für das Fichte-Verständnis als auch unter den Fichteschen das – abgesehen von den *Reden an die deutsche Nation* – wohl bis heute bekannteste ist. Außerdem gehe ich auf die ersten Teile der *Grundlage des Naturrechts nach Principien der Wissenschaftslehre* und des *System der Sittenlehre nach den Principien der Wissenschaftslehre* ein, da diese zum Verständnis der populären Geschichts- und Religionsphilosophie hilfreich sind.

Eine Einführung ersetzt nicht die Lektüre Fichtes, sie hilft dessen Texte zu verstehen und soll zum Lesen ermuntern. Letztendlich muß ein jeder Mensch selbst sie zu denken, zu erfassen und gegebenenfalls zu kritisieren suchen, das hat Fichte oft genug betont. Wir haben uns ein Wort Fichtes zu eigen zu machen: »Alles, was [...] gedacht werden soll, sei gedacht [...], nur in wiefern Sie selber es gedacht [...] haben.«[1] Folglich habe ich Sie, verehrte Leserin, verehrter Leser, zu bitten und zu ersuchen, selbst mit Fichte zu denken.

Fichtes Texte sind geprägt von dem Willen, sein Denken mitzuteilen. Denken ist Bewegung, man kann sich dabei nicht festhalten. Eine Gefahr für jede philosophische Lektüre besteht darin, sich an Worte zu halten und die Dynamik des Denkens zu vernachlässigen. Fichte kennt diese Gefahr und begegnet ihr dadurch, daß er die Worte wechselt. Er weiß selbst und hält es für richtig, daß er eine feste Terminologie meidet. Man muß also bei der Lektüre seiner Texte stets den Gedankengang, auf den die Worte nur hinweisen können, zu erfassen suchen. Das mag bei der Lektüre anfangs Schwierigkeiten bereiten, erweist sich aber bald als hilfreich.

Fichtes Philosophie ist von seinem Leben nicht zu trennen; das entscheidende Ereignis war nichts anderes

1 GA II 8, 4 f.; SW X 91.

als eine philosophische Einsicht, die ihm bei der Lektüre von Kants *Kritik der praktischen Vernunft* aufging. Daher muß auch diese Einführung in wenigen Strichen das Leben Fichtes zeichnen. Wer sich über Fichtes Leben genauer informieren will, sei auf mein 2012 zum Fichte-Jubiläum erschienenes Buch *Johann Gottlieb Fichte. Eine Biographie* hingewiesen.

Meine Hörerinnen und Hörer haben mich mit ihrer wachen Aufmerksamkeit und ihren klugen Fragen immer wieder ermuntert, die Gegenstände meiner Vorlesung und jetzt meiner Texte erneut zu durchdenken. Dafür danke ich ihnen ganz herzlich.

1. Fichtes Weg zur Philosophie

Fichte ist am 19. Mai 1762 in Rammenau, einem Dörfchen in Sachsen, als Kind kleiner Leute geboren. Sehr früh zeigt sich bei ihm ein ungewöhnliches Streben nach Selbständigkeit.

Fichtes Begabung wird im Schloß Rammenau entdeckt, als ein Freund des Hausherrn, ein Freiherr von Miltitz, diesen besucht und bei der Gelegenheit den Pfarrer des Ortes predigen hören möchte. Die Predigt aber ist schon gehalten, wenn der Freiherr ankommt. Der Hausherr läßt nun den etwa achtjährigen Fichte kommen, der die Predigt vollständig mit Verständnis und Engagement vorträgt. Darauf entschließt sich Miltitz, dem Jungen eine solide Bildung zu vermitteln, die den Kleinen 1774 nach Schulpforta führen wird. Hier kommt der Junge mit der Aufklärung in Berührung, insbesondere mit dem Streit Lessings und Goezes. Er lernt dabei, selbständig zu prüfen und zu denken.

Mit achtzehn Jahren verläßt Fichte die Schule und beginnt Theologie sowie Jura zu studieren. Daraus wird nichts Rechtes. Unterstützung bezieht er nicht mehr, und so muß er sich mit Hauslehrerstellen und Stundengeben durchschlagen. Begabt und gebildet wie er ist, nimmt er die Dinge nicht einfach hin, sondern fragt, warum sie so sind, wie sie denn sind. Die Antwort auf solche Fragen benennt Ursachen und Gründe für die Notwendigkeit der Wirkungen und Folgen. Notwendigkeit aber determiniert das Bewußtsein und legt fest. Glaubt man nun, daß auch menschliches Handeln vollständig durch Ursachen bestimmt ist, so bleibt kein Raum für Freiheit.

Fichte sieht sich determiniert, kann aber sein Streben nach Selbständigkeit, das ihn schon sehr früh ausgezeichnet hat, nicht unterdrücken. Beides kann er nicht vereinbaren. Er gerät in einen Konflikt, aus dem er keinen Ausweg weiß.

In dieser Situation ersucht ein Student den inzwischen achtundzwanzigjährigen Fichte um Nachhilfe in Kantischer Philosophie. In seiner Geldnot nimmt Fichte an und studiert Kant. In dessen *Kritik der reinen Vernunft* findet er den Begriff einer vollständig determinierten Natur. Kants Wortgebrauch ist sehr eng. Er versteht unter Natur nur das, was wir nach Naturgesetzen wissen. Naturgesetze beruhen auf solchen Gesetzen unseres Denkens, zum Beispiel dem der Kausalität, ohne die wir überhaupt nicht zu denken vermögen. Damit beschränkt Kant den Begriff »Natur« auf dasjenige, was uns im Wissen, und zwar gesetzmäßig, erscheint. Von dem, was darüber hinaus liegt, kann folglich keine Gesetzmäßigkeit und keine Determination behauptet werden. Damit hält Kant die Möglichkeit von Freiheit außerhalb der Natur offen.

Da Kant Natur so begreift, daß sie durch Gesetze durchgängig determiniert ist, ist alles, was in der Natur geschieht, bedingt und damit unfrei. Umgekehrt ist Freiheit dann als Unbedingtheit zu begreifen. Wenn sich also im Bewußtsein etwas zeigt, das unbedingt ist, zeigt sich Freiheit, und zwar als wirklich. Unbedingtheit erweist sich aber im Bewußtsein von Verpflichtung. Dieses Bewußtsein nimmt keinerlei Rücksicht auf die Bedürfnisse der Natur, wie wir sie alle empfinden, nicht einmal auf unsere elementarsten natürlichen Bedürfnisse. Pflicht läßt sich daher aus der Natur mit ihrer durchgängigen Bedingtheit nicht erklären, also nur aus deren Gegenteil, der Vernunft. Pflicht ist damit nicht der Befehl eines Gewalthabers, vielmehr Gebot, das die Vernunft selbst gibt; damit ist Vernunft autonom, sich selbst gesetzgebend. Nicht der Mensch gebietet, die Vernunft gebietet aus sich selbst. Freiheit ist zuallererst Autonomie der Vernunft. Wer sich aber selbst das Gesetz gibt, ist frei. Die Vernunft ist gegenüber der Natur frei in ihrem Gebot, und dadurch ist auch der, an den sich das Gebot richtet, der es befolgen kann oder auch nicht, frei.

Wenn Fichte diese Einsichten durch sein Studium, jetzt der *Kritik der praktischen Vernunft*, gewinnt, erlebt er, wie er schreibt, eine »Revolution«.[2] An anderer Stelle heißt es im Spätsommer 1790: »Ich lebe in einer neuen Welt, seitdem ich die *Kritik der praktischen Vernunft* gelesen habe.«[3] Der intelligente, nach Begründung fragende junge Mann *fühlt* sich nicht nur frei, er *begreift* sich als frei. Der Konflikt ist gelöst; »Kopf und Herz«[4] haben, wie Fichte schreibt, gewonnen. Seine Briefe klingen plötzlich trotz bleibender materieller Not froh und heiter. Kants *Kritik* hat ihn auf die eigenen Beine gestellt. In diesem engen Zusammenhang stehen bei Fichte Philosophie und Leben; durch Philosophie erst wird sich dieses Leben seines Sinnes gewiß. Hier, in der Autonomie der Vernunft, liegt der Quellpunkt Fichteschen Denkens, der ihm nicht mehr versiegen wird.

Fichte geht bald darauf nach Königsberg. Er besucht Kant, wird, wie üblich, von ihm eingeladen. Dann geht Fichte das Geld aus. Er wendet sich an Kant mit der Bitte um ein Darlehen und legt ein Manuskript, an dem

2 GA III 1, 193.
3 GA III 1, 167.
4 GA III 1, 166.

er arbeitet, bei. Nach einigen Tagen eröffnet ihm Kant, daß er ihm kein Geld leihe. Da aber sein Manuskript gut sei, wolle er es seinem Verleger empfehlen und sich dafür einsetzen, daß Fichte einen Vorschuß erhalte. Das tut er auch und leistet so eine weit bessere Hilfe, als Fichte je zu träumen auch nur gewagt hätte. Fichte kann kaum fassen, was ihm widerfuhr; derjenige, dessen Schriften ihn frei gemacht hatten, fand seinen Text gut. Und nicht nur das: Hatten Kants Schriften Fichte auf die eigenen Beine gestellt, gibt ihm nun Kant auch persönlich den Anstoß, selbst die Beine zu bewegen und zu gehen.

Fichtes Buch trägt den Titel *Versuch einer Critik aller Offenbarung* und war, wie bei Fichtes Kant-Begeisterung gar nicht anders zu erwarten, in Kantischer Manier geschrieben; schon das Wort *Critik* im Titel deutet ja darauf hin. Man erwartete zudem allgemein einen Text Kants zur Religionsphilosophie, der tatsächlich auch etwas später erschienen ist. Der Verleger läßt daher zwei Varianten des Titelblatts drucken, mit und ohne Verfassernamen. Diejenigen mit dem Namen läßt er in Königsberg und Umgebung vertreiben, die anderen im ganzen Heiligen Römischen Reich. Das Buch wird dort für ein Kantisches gehalten, und zwar von durchaus kundigen Personen. Sogar die bedeutendste Rezensionszeitung, die *Allgemeine Literatur-Zeitung*, nennt Kant als Autor. Das Buch erscheint im Frühjahr, Kant erfährt von dem Mißverständnis im August und setzt eine für Fichte ehrenvolle Erklärung bezüglich der wahren Verfasserschaft in die *Literatur-Zeitung*. Dadurch ist Fichte mit einem Schlag der Jungstar der Philosophie. Dieser selbst erklärt Kant schleunigst, daß er mit dem Vorgehen des Verlegers nichts zu tun habe.

Fichte macht sich nun auf den Weg nach Zürich, wo er im Herbst 1793 heiratet. Zuvor hat er noch zwei kleine Schriften herausgebracht, ein Pamphlet gegen die Einschränkung der Pressefreiheit und einen »Beitrag zur Berichtigung der Urtheile des Publikums über die französische Revolution«, worin er gleich am Anfang die Kantische Revolution der Denkart über die französische des Staates stellt.

Die *Literatur-Zeitung* hatte sich sogleich des Jungstars als Mitrezensenten versichert und ihm ein brisantes Buch zur Besprechung angeboten. Das Buch war anonym erschienen und nach dem antiken Skeptiker Aenesidemus betitelt.[5] Es richtet sich gegen die Weiterbildung der Kantischen Lehre durch den Jenaischen Professor Reinhold. Dieser hatte Kants Anspruch auf Allgemein*gültigkeit* seiner Philosophie bejaht, aber auch gesehen, daß diese nicht allgemein*geltend* wurde. Dafür wollte er eintreten und wählte zum Ausgangspunkt seines Denkens eine Tatsache, die niemand leugnen kann, nämlich, daß wir Vorstellungen haben. Wer leugnet, hat ja die Vorstellung dessen, was er leugnet. Zu einer Vorstellung gehören natürlich diese selbst, ein Subjekt, das vorstellt, und der Gegenstand, welcher vorgestellt wird. Diese drei Elemente sind im Bewußtsein sowohl unterschieden wie aufeinander bezogen. Das leuchtet ohne weiteres ein und ist auch nicht zu bestreiten. Reinhold hatte aber den Zu-

5 *Aenesidemus oder über die Fundamente der von dem Herrn Prof. Reinhold in Jena gelieferten Elementar-Philosophie. Nebst einer Vertheidigung des Skepticismus gegen die Anmaaßungen der Vernunftkritik*, ohne Ort 1792. Verfasser der Schrift war Gottlob Ernst Schulze, seit 1788 Professor der Philosophie an der Universität Helmstedt.

sammenhang der genannten drei Elemente im Bewußtsein als *Grundsatz* aufgestellt. Er lautet: »Im Bewußtseyn wird die Vorstellung durch das Subjekt vom Subjekt und Objekt unterschieden und auf beyde bezogen.«[6] Daß die unbestreitbare Tatsache nun aber ein Grundsatz sein sollte, das bestritt der Verfasser des *Aenesidemus*; denn dieser Grundsatz setze Unterscheiden und Beziehen der genannten Elemente voraus, sei also kein Grundsatz. Das sieht Fichte ein.

Einmal abgesehen davon, daß hier nur die theoretische Philosophie thematisiert ist, so ist doch mit dem Buch *Aenesidemus* die Spitze der seinerzeitigen Philosophie erreicht. Kants und Reinholds Denken drohen der Kritik zu verfallen. Wenn Fichte hierzu etwas sagt, dann muß er selbst die Philosophie seiner Tage weiterführen. Ein Vorbild, einen Vordenker hat er nun nicht mehr. Jetzt muß er in Neuland vorstoßen und sich selbst den Weg bahnen.

Es ist klar: Was man unterscheidet, bezieht man eben damit auch aufeinander. Unterscheiden und Beziehen sind Akte des Bewußtseins, die zusammenhängen. Dieses ist es, welches unterscheidet und bezieht. Fichtes neuer weiterführender Gedanke kann so formuliert werden: Wenn das Bewußtsein es ist, das unterscheidet und bezieht, so muß es doch in diesen Akten das eine und selbe Bewußtsein sein. Das aber bedeutet, das Bewußtsein muß vor allen anderen Akten sich als das eine Bewußtsein, das alle diese Akte vollzieht, kennen. Es muß Bewußtsein seiner selbst, Selbstbewußtsein sein. Da dieses

6 Karl Leonhard Reinhold, *Beyträge zur Berichtigung bisheriger Missverständnisse der Philosophen,* Bd. 1, Jena 1790, S. 167.

Sich-selbst-Kennen des Bewußtseins jedem Unterscheiden und Beziehen vorausliegt, ist es deren Bedingung, und zwar deren höchste.

Das hört sich vielleicht kompliziert an, benennt aber etwas uns Urvertrautes. Wir alle wissen, was Bewußtsein ist, und haben es nie gelernt; denn alles Lernen setzt ja schon Bewußtsein voraus. Wir können es auch nicht beweisen, denn auch Beweisen oder das Verstehen von Beweisen setzt Bewußtsein voraus. Und erst, weil wir wissen, was Bewußtsein ist, können wir das, was wir wissen, vom Wissen selbst unterscheiden und darauf beziehen. Das alles ist uns so selbstverständlich, daß wir nie darüber nachdenken – es sei denn, wir philosophieren.

Zu dieser Grundstruktur des Bewußtseins gibt es ein Analogon im Alltag. Wir alle wissen ohne weiteres, wen wir meinen, wenn wir »ich« sagen. Das müssen wir uns nicht beweisen, das ist uns selbstverständlich. Wer »ich« sagt, weiß unmittelbar, wen er meint, sich selbst und sonst niemanden. Diese Unmittelbarkeit hat die Rede von meinem Ich gemeinsam mit der Unmittelbarkeit des Selbstbewußtseins. Daher nennt Fichte letzteres Ich und schreibt dieses Wort groß. Er unterscheidet das groß geschriebene Ich also sehr wohl vom klein geschriebenen, das jeweils ein Individuum bezeichnet, während das erste gerade das Allgemeinste ist, das wir in jedem individuellen Bewußtsein voraussetzen als die Bedingung von Kommunikation. Wenn unser Bewußtsein nicht dieselbe Struktur hätte, könnten wir uns nicht verständigen.

Diese Benennung Ich hat bis heute zu vielen Mißverständnissen geführt. Es geht weder um individuelles noch um das sich in einer bestimmten Epoche der Geschichte entwickelnde Bewußtsein, sondern um Bewußtsein überhaupt für jedes vernünftige Wesen, gleichgültig an welchem Ort und zu welcher Zeit.

In seiner Rezension des *Aenesidemus* – sie erscheint im Februar 1794 in der *Allgemeinen Literatur-Zeitung* – spricht Fichte zum ersten Mal von seinem gerade gefundenen Gedanken.

Was hat Fichte denn nun erreicht? Er hat den Anfang, lateinisch: das principium, gefunden, von dem her er Bewußtsein verstehen kann. Von hier aus vermag er es klarzumachen und wird es in einer Reihe von Veröffentlichungen und Vorlesungen entfalten und immer wieder neu durchdenken. Von jetzt an ist Fichte der Fichte, den die Philosophiegeschichte unter ihre ganz Großen zählt.

2. Ueber den Begriff der Wissenschaftslehre oder der sogenannten Philosophie

Als Fichte noch an seiner Rezension des *Aenesidemus* schrieb, beschloß man auf Goethes Betreiben hin in Weimar, eine an der Universität Jena freigewordene Stelle – Reinhold war wegberufen worden – Fichte anzubieten. Dieser nimmt an, macht sich auf den Weg und langt am Vorabend seines 32. Geburtstages, im Mai 1794, in Jena an. Dort wird er, damit er überhaupt lesen kann, noch schnell zum Doktor promoviert.

Fichte hatte Neuland betreten und war sich dessen bewußt. Damit man in Jena wisse, was er überhaupt zu lehren beabsichtige, brachte er noch eilig in Zürich das Programm seiner Lehre zu Papier und ließ es in Weimar drucken, so daß dieses schon vor seiner Ankunft in Jena auf sein Wirken vorbereiten konnte.

Kant hatte gefragt: »*Wie ist Metaphysik als Wissenschaft möglich?*«[1] Da die Metaphysik seit alters her als das Kernstück der Philosophie galt, steht diese hier für Philosophie überhaupt. Wissenschaft ist für Kant systematisch zusammenhängendes Wissen. Diese Systematik, so hat er herausgearbeitet, liegt im Bewußtsein, nicht etwa in den Dingen. Die Frage, die Fichte nun stellt, fragt nicht nur nach dem Wissen der Philosophie oder anderer Wissenschaften, sondern nach dem Wissen selbst. Die Frage lautet jetzt: Wie ist die Wissenschaft beziehungsweise das

1 KrV B 22.

Wissen selbst möglich? Wenn aber das Wissen sich selbst wissen soll, so kann es nicht aus sich herausgehen. Es soll eine Wissenschaft von sich selbst gewinnen, es tut, was es erkundet. Diese Wissenschaft von sich selbst, dem Wissen, nennt Fichte »Wissenschaftslehre«.

Daher hat Fichtes *Programmschrift* den Titel *Ueber den Begriff der Wissenschaftslehre oder der sogenannten Philosophie.* Das aus dem Griechischen stammende Wort »Philosophie« bedeutet »Streben nach Wissen«. Da mit der Kantischen Philosophie das Wissen selbst zum Gegenstand der Philosophie geworden ist, strebt sie nicht mehr nach Wissen, sondern ihr stellt sich jetzt die Aufgabe, das Wissen zu wissen und es in seinem Zusammenhang beziehungsweise als System darzustellen. Daher ersetzt Fichte die Bezeichnung »Philosophie« durch die Wortschöpfung »Wissenschaftslehre«, wobei das Wort »Wissenschaft«, wie seinerzeit üblich, in einem weiteren Sinn genommen wird als heute; es umfaßt alles Wissen, nicht nur das wissenschaftliche.

Was genau Fichte in seiner *Programmschrift* vorträgt, ist nicht schon die Wissenschaftslehre selbst, sondern deren Begriff. Es geht Fichte darum, zu bestimmen, was er und seine Studenten »eigentlich machen wollen«.[2] Er entwirft also ein Arbeitsprogramm. Ausdrücklich erklärt er bezüglich des Zwecks, den er verfolgt, daß »aus der Denkbarkeit dieses Zwecks noch nicht auf die Ausführbarkeit desselben«[3] geschlossen werden kann.

Fichtes Abhandlung hat drei Abschnitte, von denen er in der drei Jahre später erschienenen zweiten Auflage den letzten wegläßt, da dieser ihm nicht mehr genügt.

2 GA I 2, 119; SW I 46.

3 GA I 2, 119; SW I 46.

Entsprechend werden wir hier nur die beiden ersten Abschnitte erörtern. Sie bestehen aus sieben durchgezählten Paragraphen und sind überschrieben: »1. Ueber den Begriff der Wissenschaftslehre überhaupt«; »2. Erörterung des Begriffs der Wissenschaftslehre«. Der erste Abschnitt hat somit die Aufgabe, das, was Fichte erforschen und lehren will, den Begriff der Wissenschaftslehre, aufzustellen, der zweite dann, zu erläutern, was mit diesem Begriff, mit diesem Vorhaben gemeint ist. Fichte legt hier nicht die Wissenschaftslehre selbst dar, sondern einzig deren Begriff. Wir folgen der Einteilung Fichtes.

Der erste Abschnitt hat zwei Paragraphen. Der erste lautet: »Hypothetisch aufgestellter Begriff der Wissenschaftslehre«. Eine Hypothesis ist eine Voraussetzung; das entsprechende Urteil hat die Form: wenn p, dann q. Der hypothetisch aufgestellte Begriff ist also einer, der unter einer Bedingung aufgestellt wird. Ein Begriff ist ein Gegenstand des Wissens. Das Wissen soll aber doch in der Wissenschaftslehre erst erörtert werden. Daher ist der aufzustellende Begriff nur unter der Bedingung gültig, daß er in der Wissenschaftslehre erwiesen werden kann und wird. Diese hat das System des Wissens selbst zu erforschen. In diesem hätte der Begriff der Wissenschaftslehre seinen Ort. Hier zeigt sich ein Zirkel, der gar nicht zu vermeiden ist. Der Begriff der Wissenschaftslehre muß aufgestellt werden, falls planmäßig gedacht werden soll. Aber erst, wenn gemäß diesem Begriff die Wissenschaftslehre durchgeführt ist, kann der zuvor aufgestellte Begriff gerechtfertigt werden. Der Anfang ist also nicht zu beweisen. Fichte muß mit einem Faktum, das möglichst jeder zugesteht, beginnen. Das ist für Fichte und seine Zeit – und nicht nur für diese – die

Überzeugung, Philosophie sei Wissenschaft. Mit dieser Überzeugung fängt Fichte an und setzt sie voraus.

Die Wissenschaftslehre ist zudem ein Werk der Freiheit; niemand muß philosophieren. So ist auch der Begriff der Wissenschaftslehre ein frei konzipierter Begriff, der sich erst noch bewähren muß.

Der Gegenstand der Wissenschaftslehre soll das Wissen sein. Wir wissen etwas, beispielsweise, daß im Sommer die Bäume belaubt sind und im Winter nicht. Dieses Wissen hat einen Gehalt, nämlich Bäume und Laub; es hat ebenso eine Form, nämlich einerseits Bejahung – bejaht wird Laub im Sommer – und andererseits Verneinung – verneint wird Laub im Winter. Wissenschaftliches Wissen enthält viele Urteile, die es durch die Form verbindet. Dadurch entstehen im Wissen Zusammenhänge, letztlich ein System. Wenn wir uns nun ein System von Luftgeistern ausdenken, so mag ein solches logisch stringent sein, Wahrheit können wir aber dafür nicht beanspruchen. Wenn aber jemand Caesars Tod auf das Jahr 44 vor Chr. datiert, kann Fichte vom ihm sagen, »derselbe habe Wissenschaft von dem gesagten«.[4] Er weiß etwas, auch wenn er es nicht begründen kann. Fichte zieht daraus den Schluß: Was wir wissen wollen, sind Gehalte, und Formen dienen zu deren Vermittlung.

Unter der Voraussetzung, daß es im Wissen auf den Gehalt, das, was wir wissen, ankommt, kann Fichte sagen, es müsse, wenn überhaupt Wahrheit sei, wenigstens *ein* Gehalt als wahr, gewiß und unbezweifelbar gewußt werden; die Gewißheit habe dieser unbezweifelbare Satz aus sich selbst. Ein Gehalt stellt sich logisch gesehen in

4 GA I 2, 113; SW I 39.

einem Urteil dar, grammatisch gesehen in einem Satz. Ein solcher unbezweifelbarer Satz wäre einer, der allen anderen zugrunde läge, ein Grundsatz. Von diesem Gehalt würde alsdann die Gewißheit durch die Formen auf alles weitere Wissen übertragen.

Der zweite Paragraph ist überschrieben: »Entwicklung des Begriffs der Wissenschaftslehre«. Nachdem die Bedingung, unter welcher der Begriff der Wissenschaftslehre aufgestellt werden kann, im ersten Paragraphen erörtert ist, entwickelt Fichte nun, was in diesem Begriff impliziert ist. Die Wissenschaftslehre fragt, was Wissen und Wissenschaft ist. Sie erhebt sich über alle Wissenschaften, falls es ihr gelingt, deren Ort im Wissen begründet zu zeigen. Aber sie muß auch ihre eigene Wissenschaftlichkeit beweisen. Die Forderung, die Wissenschaftslehre habe sich selbst zu begründen, klingt sehr nach der Geschichte von dem Baron von Münchhausen, der sich am eigenen Schopf aus dem Sumpf herauszieht. Nun muß aber diejenige Wissenschaft, die alle anderen Wissenschaften und überhaupt alles Wissen begründet, aus sich selbst heraus einsichtig sein, also einen aus sich selbst einsichtigen Grund, ausgedrückt in einem Grundsatz, ihr eigen nennen. Die Meinung, man könne einen solchen Grundsatz aus einer anderen, höheren Wissenschaft gewinnen, übersieht, daß dann die angenommene höhere Wissenschaft die Wissenschaftslehre wäre, vor allem aber, daß das Problem nur eine Stufe nach oben verschoben wäre. Was Grund von allem sein soll, kann nicht begründet sein, sonst wäre es ja selbst Folge eines höheren Grundes. Wenn aber der Grund der Wissenschaftslehre keinen höheren Grund hat, er also selbst ohne irgendeinen Grund außerhalb seiner schlechthin aus sich selbst ist, dann ist die Wissenschaftslehre nur im Wissen selbst begründet, und zwar insofern dieses seinen Grund in sich selbst hat.

Muß sich also Fichte doch wie Münchhausen am eigenen Schopf aus dem Sumpf ziehen? Münchhausen steckt im Sumpf, aus dem er sich herausziehen muß, weil er keinen tragenden Grund in ihm findet. Wenn Fichtes Weg zum Erfolg führt, liegt dagegen der Grund im Bewußtsein selbst, nicht außerhalb. Daher muß er sich auch nicht wie der Baron irgendwo herausziehen, sondern in das Bewußtsein beziehungsweise das Wissen hineinsehen, das heißt sein Wissen reflektieren. Nun ist er immer schon im Wissen, die Frage nach dem Grund im Wissen setzt ja Wissen voraus. Der Grund ist nur im Wissen selbst zu finden, wenn er denn gefunden werden kann.

Dieser Grund muß *gefunden* werden; denn laut Voraussetzung hat er selbst keinen Grund, aus dem er abgeleitet werden könnte. Damit hat sich schon eine Denkbewegung herausgestellt. Da eine Ableitung nicht möglich ist, bleibt nur ein Rückgang zum Grund. Diesen führt Fichte aber hier nicht aus, da dies über das Ziel seiner *Programmschrift* hinausgeht.

Einen solchen Rückgang kennt die Philosophie schon seit ihren Anfängen in Griechenland, nämlich unter dem Namen *anamnesis*. Diese nimmt etwas, wie Platon im *Menon* lehrt, aus sich selbst. Wenn Menons Sklave nach mehrmaligem Raten eine Aufgabe nicht zu lösen weiß und bekennt, er wüßte nicht, dann hat er, wie Sokrates hervorhebt, den Unterschied von Wissen und Meinen aus sich selbst genommen, das heißt sich erinnert.

Die Wissenschaftslehre soll ein System sein, also einsichtigen Zusammenhang haben. Dieser soll durch den letzten Grund, ausgedrückt im Grundsatz, garantiert sein. Die in diesem liegende Gewißheit ist der Garant aller Gewißheit, muß also von ihm auf alles weitere Wissen ausgedehnt sein. Das Mittel dieser Ausdehnung ist die Form der Urteile, also Kants Kategorien. Die Form überträgt, wie Fichte schon angeführt hat, die Gewißheit auf den jeweiligen Gehalt, den zu wissen das Wissen erfüllt.

Die Unterscheidung von Form und Gehalt nutzt Fichte nun, um den Grundsatz näher zu charakterisieren. Im Grundsatz ist Selbstbegründung gedacht. Form und Gehalt begründen sich somit gegenseitig, sie sind selbig. In späteren Reflexionen wird sich zeigen, daß dieser Unterschied eigentlich gar nicht statthat. Es deutet sich hier an, daß der oberste Grundsatz Identität aussprechen wird.

Da unser Wissen nicht nur eines, sondern sehr vieles, im Prinzip unendlich vieles, weiß oder wenigstens wissen kann, ist es durch Identität allein nicht zu erklären. Fichte deutet hier an, daß es noch zwei weiterer Grundsätze bedarf; da dies in der *Grundlage der gesammten Wissenschaftslehre*, die im nächsten Kapitel behandelt wird, ausgeführt ist, übergehen wir es hier.

Der zweite Abschnitt erörtert den zuvor entfalteten Begriff, das heißt, er bestimmt »den Ort desselben im System der […] Wissenschaften überhaupt«.[5] Die Wissenschaftslehre wäre dann der Raum, in dem jede einzelne Wissenschaft ihren Ort hat. Dieses Konzept nötigt, wie der Paragraph drei ausführt, zu Abgrenzungen, die in den nächsten Paragraphen durchgeführt werden.

5 GA I 2, 127; SW I 55.

Nun fragt der vierte Paragraph: »In wie fern kann die Wissenschaftslehre sicher seyn, das menschliche Wissen überhaupt erschöpft zu haben?« Der hier erhobene Anspruch scheint grotesk überzogen. Soll die Wissenschaftslehre auch noch gar nicht erfundene Wissenschaften erschöpfen? Nein, in der Zukunft gefundenes Wissen kann die Wissenschaftslehre nicht wissen, das behauptet Fichte auch gar nicht. Die Überschrift dieses Paragraphen sagt eindeutig, daß es hier um das menschliche Wissen *überhaupt* gehe. Um inhaltlich bestimmte Wissenschaften geht es hier nicht. Deren sind unendlich viele möglich.

Diese aber unterscheiden sich von der Wissenschaftslehre dadurch, daß sie prinzipiell nicht abschließbar sind, während die Wissenschaftslehre abzuschließen sein muß. Wenn sie nämlich das vorausgesetzte System des Wissens darlegen kann, muß sie den als gewiß angenommenen Grundsatz, besser: die Grundsätze erschöpfen, das heißt alles, was in ihnen liegt, ausführen. Das Resultat wäre ein geschlossenes System, das auf seinen Anfang zurückführte. Damit hätte die Wissenschaftslehre zirkulären Charakter, »und man thut recht wohl daran, diesen Zirkel bestimmt zuzugestehen«.[6]

Der fünfte Paragraph erforscht: »Welches ist die Grenze, die die allgemeine Wissenschaftslehre von der besondern durch sie begründeten Wissenschaft scheidet?« Es stellt sich die Frage nach dem Verhältnis der Wissenschaftslehre zu den Einzelwissenschaften. Gemäß dem vorigen Paragraphen erschöpft Wissenschaftslehre die Wissenschaft vom Wissen überhaupt. Sie stellt

6 GA I 2, 133; SW I 61.

alle notwendigen Bedingungen des Wissens und damit der Wissenschaften auf. Das Wissen hat aber viele Bestimmungen, nämlich Gehalte. Diese werden in den Einzelwissenschaften gewußt. Insofern die Einzelwissenschaften Wissen sind, ist ihre Wissenschaftlichkeit in der Wissenschaftslehre erforscht. Sie sind aber von dieser durch ihren Gehalt unterschieden. Diesen Gehalt erhalten sie durch eine frei gesetzte Bestimmung, deren freie Setzung hier nur angenommen werden kann; nachzuweisen wäre deren Möglichkeit in der Wissenschaftslehre. So aber läßt sich fürs erste verstehen, daß dieselbe Sache unter verschiedenen Hinsichten untersucht werden kann, zum Beispiel die Pflanze als Gegenstand der Physik, der Chemie und der Biologie.

Der sechste Paragraph will wissen: »Wie verhält sich die allgemeine Wissenschaftslehre insbesondre zur Logik?« Unter allen Wissenschaften hat die Logik einen besonderen Rang; denn sie gilt als Kanon des Wissens. Was nicht logisch gedacht ist, ist nicht gedacht. Logik ist das formale Kriterium allen Wissens, aber eben auch nur das formale. Die Wissenschaftslehre hat stets Form und Gehalt zugleich. Wenn das im vorigen Paragraphen Gesagte stimmt, entsteht die Logik durch einen Akt der Freiheit. Dieser soll nur die Form des Wissens herausarbeiten, nämlich aus dem Wissen beziehungsweise dem Wissen des Wissens, also der Wissenschaftslehre. Logik ist somit Abstraktion vom Wissen beziehungsweise der Wissenschaftslehre. Sie abstrahiert vom Gehalt und behält die Form zurück. Diese Abstraktion geschieht nicht von Sätzen oder Gegenständen, sondern von den Handlungen des Bewußtseins. Damit ist die Form des Wissens der Gehalt der Logik. Dieser Gehalt, die Form des

Wissens, bekommt dadurch die Form der Wissenschaft. Die Form des Wissens wird in dieser zweiten Handlung auf die Form selbst bezogen, sie wird reflektiert und als solche festgehalten.

Der siebte Paragraph fragt: »Wie verhält sich die Wissenschaftslehre als Wissenschaft zu ihrem Gegenstande?« Die Wissenschaftslehre stellt nicht nur wie die Logik die Formen des Denkens auf, sondern Form und Gehalt, oder besser deren Einheit in den Handlungen des Bewußtseins, die wir immer schon vollziehen, ohne weiter darüber nachzusinnen. Wenn wir zum Beispiel sagen: »Die Wiese ist grün«, so setzten wir zur Substanz Wiese das Akzidenz grün hinzu. Urteilen ist, wie Kant schon gelehrt hat, eine Handlung der Synthesis. Diese Tätigkeit der Synthesis hat eine Form, hier die Identifikation von Substanz und Akzidenz. Diese Tätigkeiten sucht die Wissenschaftslehre als ganze aufzustellen, also nicht nur wie die Logik deren Formen. Nun ist die Wissenschaftslehre wie jede Wissenschaft eine frei gewählte Reflexion. Was sie tut, ist nicht notwendig, sondern eine freie Handlung, die das, was notwendig im Bewußtsein liegt, darstellen will. Das Bewußtsein ist also vorausgesetzt. Die Handlungen, welche die Wissenschaftslehre zum Gegenstand hat, muß sie in ihrem Reflektieren selbst vollziehen. Dies ist wieder ein Zirkel, in dem die Möglichkeit des Irrtums liegt. Die Rückkehr in den Anfang des Zirkels ist nur ein negatives Kriterium, sie ergibt Wahrscheinlichkeit, nicht Wahrheit. Auch Wissenschaftslehre ist Menschenwerk.

Fichte hat in seiner *Begriffsschrift* einen Begriff dessen, was er machen will, entwickelt. Er will zeigen, wie das menschliche Wissen zusammenhängt. Dieser Zusammenhang ist, wenn es ihn denn gibt, im Bewußtsein virulent, unabhängig davon, ob er bewußt gemacht wird oder nicht. Ohne zu reflektieren unterstellen wir diesen Zusammenhang. Schließlich beziehen wir die Gehalte unseres Wissens aufeinander und unterstellen keinen Riß im Bewußtsein. Die Möglichkeit dieser Einheit unseres Bewußtseins erforscht Fichte.

Darin ist er bis auf die Gegenwart oft mißverstanden worden. So ist beispielweise zu lesen: »Realistischerweise kann man Fichtes Unterfangen, eine Wissenschaft der Wissenschaft zu liefern, nur als eine Art von philosophischem Größenwahn bezeichnen.«[7] Das im gegebenen Zitat ausgesprochene »man« appelliert an den Verstand von jedermann, also daran, daß jedermann demselben Verstand, den auch der Schreiber hat, folgt und diesem gemäß urteilt. Fichte hätte zurückfragen können, ob denn der, welcher ihm, weil er dem Bewußtsein ebendiese Einheit des Verstandes zuerkenne, Größenwahn attestiert, sich gar ein Bewußtsein, das keinen Zusammenhang weder in sich selbst, noch mit anderem habe, zumesse, ob er sich folglich nicht aus dem »man«, mit dem er doch Einheit des Bewußtseins beansprucht, herausstelle, ob er wirklich bedenke, was er schreibe.

Es gilt wohl immer noch, was Fichte in der Vorrede zur *Grundlage* schreibt, es lasse sich nicht einsehen, »wozu es dienen sollte, das was ich behauptet, geradezu ohne alle Prüfung zu verwerfen, höchstens sich die Mühe zu nehmen, es zu verdrehen, jede Gelegenheit herbeizuziehen, um es auf die leidenschaftlichste Weise zu schmähen, und zu verschreien«.[8] Ironischerweise zitiert auch

7 Manfred Kühn, *Johann Gottlieb Fichte. Ein deutscher Philosoph*, München 2012, S. 196.

8 GA I 2, 251; SW I 86.

Kühn aus dem hier gegebenen Zitat, allerdings heißt es bei ihm, Fichte habe geschrieben, »man habe [...] ihn [nicht das, was er behauptet,] auf die ›leidenschaftlichste Weise‹ verschmäht und verschrien«.[9] Wenigstens diese Bemerkung Fichtes ist anzuerkennen, auch wenn man sonst von Fichte nichts hält.

9 Kühn, *Fichte*, S. 197.

3. Grundlage der gesammten Wissenschaftslehre

Fichtes *Grundlage* ist die erste systematische Darstellung der Wissenschaftslehre. Er gebraucht dieses Wort »Wissenschaftslehre« in doppelter Bedeutung, einmal für seine ganze Philosophie, sodann aber auch für deren Kern, die Wissenschaftslehre in specie; im Titel des hier zu besprechenden Buches ist die letzte Bedeutung gemeint.

Fichte ließ die *Grundlage*, wie das Titelblatt der ersten Auflage ausweist, »als Handschrift für seine Zuhörer« drucken; sie sollte den Studenten das Mitschreiben ersparen. Erst später entschloß sich Fichte, den Text als Buch zu veröffentlichen. Nach seinem eigenen Urteil ist die Darstellung der *Grundlage* unvollkommen. Es ist auch nicht zu erwarten, daß die Durchdringung und Darstellung eines neuen Gedankens auf Anhieb meisterhaft gelingt. Die Unvollkommenheit des Werks hat dazu beigetragen, daß dieses Buch bis heute wenig verstanden wurde.

Gemäß dem Titel soll die Grundlage beziehungsweise das Prinzip allen Wissens, allen Bewußtseins dargestellt werden, und nicht nur die Grundlage, sondern in eins damit die Grundstrukturen desselben. In der *Programmschrift* hatte Fichte schon dargelegt, daß das Wissen seinen Zusammenhang durch seine Form hat. Die formalen Elemente des Wissens sind somit in ihrer Systematik darzulegen. Das Wort »System« hat Heidegger dessen griechischem Ursprung entsprechend treffend mit »Gestell« übersetzt. Hier aber wäre es ein grobes Mißverständnis, an ein Gestell, etwas Festes, sozusagen Gezimmertes zu denken; denn das Wissen muß als Akt verstanden werden. Wissen ist ja nur, wenn es sich vollzieht. Das System als lebendiger Vollzug entspricht auch durchaus dem zeitgenössischen, besonders dem Kantischen Verständnis von System, welches im Organismus dessen Urbild sieht.

Das Unternehmen Fichtes führt weit vom alltäglichen, ja sogar vom einzelwissenschaftlichen Wissen weg. Zwar kann man aufweisen, daß ein Wissen vom Wissen in jedem Bewußtsein präsent, wenn auch nicht akut ins Bewußtsein gehoben ist. So hat ja Sokrates in Platons *Menon* mit dessen Sklaven vorgeführt, wie latentes Wissen präsent gemacht, in Platons Sprache »erinnert« werden kann. Dieses alltägliche Wissen aber nun in einer wissenschaftlichen Form aufzustellen, also es zu reflektieren, das ist eine ganz andere Aufgabe, die weit von dem, was wir alltäglich im Bewußtsein haben, entfernt ist. Wir reden über das, was wir sollen, tun und lassen sowie über unsere Welt und deren Gegenstände. Diese Rede fixiert, stellt fest und prägt unsere Sprache. Wenn nun Fichte und wir mit ihm dieser Sprache auf den Grund gehen, so haben wir dazu keine andere als genau diejenige Sprache, der wir auf den Grund gehen wollen. Dieser Grund, so sieht es aus, ist nicht festgestellt, sondern Tätigkeit. Da wir keine andere als die fixierende Sprache haben, müssen wir wie auch Fichte versuchen, mit dieser Sprache nolens volens zurechtzukommen. Fichte ist sich dieser Schwierigkeit durchaus bewußt. Er kann sie nicht anders beheben als mit Hilfe seiner Hörer beziehungsweise Leserinnen und Leser. Diese, wir also, müssen den Gedanken selbst vollziehen. Was Fichte nur tun kann, ist, die Denkaufgabe formulieren; das Denken selbst muß, wie immer, jeder für sich selbst vollziehen. Das klingt nicht nur anspruchsvoll, es ist auch so. Der Verfasser des vorliegenden Buches hat sich diesem Anspruch gestellt. Er kann versichern, daß er sich dabei nicht nur angestrengt hat, sondern daß diese Anstrengung ihm eine große intellektuelle Freude bereitet hat. Ebendiese wünscht er auch Ihnen, die Sie gerade dieses Buch in der Hand haben.

In der *Begriffsschrift* hatte Fichte schon darauf hingewiesen, daß ein Grundsatz nicht abgeleitet werden könne, wenn er denn ein Grundsatz sei. Er muß gefunden werden. Das bleibt auch so: »*Beweisen*, oder *bestimmen* läßt er sich nicht, wenn er absolutester Grundsaz seyn soll.«[1] Ferner hatte Fichte erklärt, Wissen müsse zuallererst auf Einheit zurückgeführt werden, dann aber sei die Differenz des vielen im Wissen Erscheinenden und dann die Beziehung zwischen Einheit und Differenz zu klären. So ergeben sich drei Grundsätze, ein Dreischritt, den Fichte in den drei ersten Paragraphen der *Grundlage* vollzieht. Den Ausdruck »Grundsatz« hat Fichte bald fallenlassen, denn er führt zu Mißverständnissen. Es geht nicht darum, Sätze als gewußte Objekte aufzustellen, sondern Handlungen des Geistes beziehungsweise des Bewußtseins zu erfassen. Diese Handlungen werden als Sätze ausgesprochen; es kommt aber nicht auf vergegenständlichte Sätze, sondern auf die darin ausgesprochenen Handlungen an.

§ 1. Erster, schlechthin unbedingter Grundsatz. Wir sagten schon, den Anfang muß man suchen und, wenn möglich, finden. Da eine Ableitung ausscheidet, wird, was man findet, durch ein Zeigen mitgeteilt. Fichte muß

1 GA I 2, 255; SW I 91.

also auf ein Wissen hinweisen. Das, worauf hingewiesen ist, muß jedermann selbst sehen, wenn man denn sehen will.

Damit nicht genug der Schwierigkeit. Ein Prinzip ist von dem, was es begründet, unterschieden. Wenn also das gesuchte Prinzip das des Bewußtseins sein soll, so kommt es im Bewußtsein als solches gar nicht vor. Was darin vorkommt, ist zwar immer schon durch dieses angenommene Prinzip bestimmt, aber eben nicht dieses selbst. Nach der Voraussetzung muß das Prinzip als Prinzip in allem Bewußtsein gegenwärtig sein. Die Denkaufgabe stellt sich demnach so dar: Zu suchen ist das Prinzip des Bewußtseins, das in allem Bewußtsein gegenwärtig ist, aber nicht als etwas, das in ihm auftaucht, also nicht als sein Gegenstand. Wir haben es hier mit einer – salopp gesagt – kniffligen Denksportaufgabe zu tun.

Wenn das Prinzip das Bewußtsein bestimmen soll, kann es nicht dort gesucht werden, wo Irrtum möglich ist, soll es doch dem Bewußtsein Grund geben, also begründetes Denken ermöglichen. Fichte setzt daher wie zuvor schon Reinhold bei einer unbestreitbaren Tatsache an. Seit alters her gilt, daß man an sinnlich Wahrnehmbarem prinzipiell zweifeln kann. Eine Tatsache, die man nicht bezweifeln kann, muß folglich eine des Bewußtseins selbst sein, eine sozusagen höhere Tatsache. Eine solche wäre ein Gesetz, mittels dessen wir denken und vorstellen, und Fichte beginnt mit einem solchen logischen Gesetz, dem Satz A = A. Dieser gilt »*schlechthin*«, er ist, »*ohne allen weitern Grund*, gewiß«.[2]

Entscheidend ist, daß wir uns klarmachen, was dieses

2 GA I 2, 256; SW I 93.

Gesetz bewirkt. Es sagt zunächst etwas ganz Selbstverständliches, daß nämlich A eben A und nichts anderes ist. A ist ein formelhafter Ausdruck, er erlaubt alles und jedes an die Stelle von A zu setzen, also ein Baum ist ein Baum etc. Das leuchtet sofort ein. Man kann aber auch sagen, ein hölzernes Eisen sei ein hölzernes Eisen. Natürlich gibt es kein hölzernes Eisen, die Rede von einem solchen ist unsinnig. Aber um sie als unsinnig zu qualifizieren, muß man sie als gerade diese und keine andere feststellen. Genau dies leistet das Gesetz A = A. Was ins Bewußtsein tritt, wird als solches festgehalten; und wenn sich etwas ändert, kann die Änderung nur auf Grund der festgehaltenen Identität bemerkt werden.

Was in A = A ausgedrückt wird, ist so selbstverständlich, daß sich die Frage nach einem Grund erübrigt; wir nehmen dieses Gesetz schlechthin an. Damit kann man sich begnügen, wenn man Logik, nicht allerdings wenn man Wissenschaftslehre treibt. Das zuvor Gesagte kann man so fassen: Wenn etwas, ein A, im Bewußtsein gesetzt sei, so sei es gesetzt. Der terminologische Ausdruck »setzen« meint, etwas ins Bewußtsein fassen. Daß dieses Gesetz nicht gelte, kann gar nicht gedacht werden. Wenn es nicht gelten würde, könnte man es selbst ja nicht als etwas, das keine Gültigkeit hat, festhalten. Es gilt schlechthin: Wenn A gesetzt ist, so ist es gesetzt. Dieser Zusammenhang, wenn – so, gilt schlechthin. Er gilt für alles, was wir ins Bewußtsein fassen beziehungsweise setzen.

Dieser Zusammenhang garantiert uns die Identität alles Gesetzten, insofern es gesetzt ist. Es wird nicht garantiert, daß es ein hölzernes Eisen gebe, sondern daß die Rede von diesem identisch sie selbst ist. Wir reden also buchstäblich über alles Mögliche als ein identisch

Festgehaltenes. Wenn wir aber etwas als ein Identisches setzen, so muß das Setzen selbst als identisch gedacht werden. Der Schritt, den Fichte hier macht, ist demnach der, vom Gesetzten zum Setzen des Gesetzten. Wenn das Gesetzte identisch ist, so muß das Setzen dieses identisch Gesetzten selbst identisch sein. Damit sind wir weit über das Denken des Alltags oder auch der Einzelwissenschaft hinausgegangen zur philosophischen Reflexion, welche insbesondere für die Wissenschaftslehre charakteristisch ist.

Setzen ist Tätigkeit, so zeigte es sich. Tätigkeit heißt hier nicht Naturkraft, sondern geistige Tätigkeit, Bewußtseinstätigkeit. Der Unterschied liegt darin, daß sich die Natur schlicht vollzieht, das Bewußtsein sich seiner Vollzüge jedoch stets bewußt ist. Die geistige Tätigkeit ist sich ihrer bewußt. Hier stoßen wir auf die oben erwähnte Sprachschwierigkeit. Wir können nur in einer Subjekt-Objekt-Relation aussprechen, daß sich das Bewußtsein seiner selbst bewußt ist. In dieser Rede ist die Tätigkeit von ihrem Resultat, die Handlung von der Tat unterschieden. Anders können wir nicht sprechen und treffen damit das Gemeinte nur ungenau; denn diese Rede trennt Subjekt und Objekt, widerspricht also der doch behaupteten Identität des Bewußtseins. Zugleich ist, wie der Ausdruck »Gegenstand« sagt, das Objekt ein Entgegenstehendes, Festgestelltes. Es soll sich aber nicht um das Bewußtsein von Feststehendem, sondern von Tätigkeit handeln, und zwar nicht von einer Tätigkeit, die man beobachtet wie etwa das eigene Atmen, sondern von einer Tätigkeit, die man, indem man von ihr spricht, selbst ist. Was gesagt beziehungsweise eingesehen wird, ist die Tätigkeit selbst. Das Bewußtsein ist sich seiner unmittelbar bewußt, es ist Selbstbewußtsein. Diese Tätigkeit wird gesetzt als Etwas, »das sich stets gleich, stets Ein und eben dasselbe sey«.[3] Das Resultat, die Tat, ist mit der Handlung identisch. Fichte spricht deshalb von Tathandlung.

Man kann sich diesen Gedanken auch per negationem so klarmachen: Wenn das Wissen sich nur in der Weise eines Objekts, also als Gewußtes, nicht aber als Wissensvollzug selbst bewußt wäre, so ließe sich stets fragen, ob es sich denn in Wahrheit wüßte. Es hätte sich nie selbst, sondern nur ein Bild seiner selbst. Ob aber dieses Abbild dem Urbild entspräche, ließe sich nicht ermitteln.

Dieser Gedanke führt auf eine dem alltäglichen Bewußtsein fremde Konsequenz. Eine Vermittlung führt vom Einen auf das Andere. Vermitteln geschieht im Denken. Hier aber kommt man nicht vom Einen auf das Andere. Wenn das Wissen sich selbst weiß, so weiß es sich und kein Anderes. Hier ist keine Differenz, die durch Begreifen überwunden werden müßte, hier ist nur Einheit. Begreifen beziehungsweise Denken kommt hier an seine Grenze, weil es eine zu überwindende Differenz voraussetzt; von einer solchen kann aber hier gar nicht die Rede sein. Der Gegenbegriff zu Denken ist Anschauen. Letzteres ist unmittelbar. Natürlich kann man unser Sehen medizinisch, physikalisch etc. begreifen. Aber alles Begreifen des Sehens läßt nicht sehen. Diese Unmittelbarkeit des Anschauens läßt Fichte hier von Anschauung reden, und zwar, da es sich nicht um sinnliche Anschauung handelt, von intellektueller Anschauung.

Es gibt wenige Ausdrücke in der Philosophie, die so

3 GA I 2, 257; SW I 94.

sehr mißverstanden wurden, wie dieser. Mit ihm solle etwas Geheimnisvolles, nur Auserwählten Vorbehaltenes gemeint sein, wähnt man. Wenn wir dagegen den Denkweg Fichtes mitgehen, sehen wir, daß nichts weiter gemeint ist als unser Wissen um ebendieses selbst. Dieses Selbstbewußtsein ist uns nicht so präsent wie das Buch in unserer Hand, auch nicht so wie der Gedanke, nach dem ich weiß, daß ich das Buch in der Hand habe. Dieses Selbstbewußtsein ist nicht ablösbar von der Vorstellung, welche es begleitet. Intellektuelle Anschauung meint jedoch etwas, das in unserem Bewußtsein gar nicht als solches vorkommt. Aus dieser Unvorstellbarkeit der intellektuellen Anschauung resultieren viele Mißverständnisse derselben. Sie ist die Bedingung allen Vorstellens, die selbst, gerade weil sie dieses ist, nicht in dem, was sie bedingt, vorgestellt werden kann. Wir haben sie nicht gelernt, denn Lernen wäre ja schon ein Wissensakt. Das Wissen um das Wissen ist die unreflektierte Voraussetzung jedes Bewußtseinsaktes. Um Mißverständnisse zu vermeiden, erklärt Fichte später, daß seine Rede von intellektueller Anschauung etwas anderes meint, als die Kantische, beides also nicht verwechselt werden darf.[4]

Ebenso mißverstanden wie die intellektuelle Anschauung ist ein analoger Ausdruck, den Fichte verwendet hat. Niemand muß uns sagen, wen wir meinen, wenn wir »ich« sagen. Weder müssen noch können wir uns beweisen, wen wir mit »ich« meinen; wir wissen es unmittel-

4 Diese Verwechslung unterläuft auch Franz Schupp, der in seiner *Geschichte der Philosophie im Überblick* über Fichte »mit zugegebenermaßen sehr geringer Kompetenz« schreibt. Franz Schupp, *Geschichte der Philosophie im Überblick. Neuzeit*, Bd. 3, Hamburg 2003, S. 362.

bar. Diese Unmittelbarkeit ist für Fichte der Grund, jenes unvermittelte Wissen um das Wissen selbst »Ich« zu nennen. Er schreibt das Wort »Ich« groß, um es von dem üblichen Gebrauch zu unterscheiden. Wenn wir das Wort »ich« klein schreiben, meinen wir unsere individuelle Person. Was Fichte »Ich« nennt, meint jene Unmittelbarkeit des Wissens, die jeden individuellen Wissensvollzug möglich macht, also etwas schlechthin Allgemeines. Damit ist das Ich die Grundlage jeder Kommunikation. Nur weil jeder Mensch ein Wissen vom Wissen hat, kann der eine mit dem anderen kommunizieren.

Fichte denkt Tätigkeit als das Erste, als Prinzip. Es wird uns hier etwas abverlangt, das gegen das natürliche Vorstellen geht. Dieses sagt, ich, der Mensch, sitze und denke, stelle mir vor etc. Ich, die Substanz, schreibe mir das Akzidenz sitzen, denken etc. zu. Im Sinne Fichtes gefragt: Was muß ich denn tun, um mich als Substanz, der ich ein Akzidenz zuschreibe, zu behaupten? Doch wohl denken, geistige Tätigkeit vollziehen. Die Tätigkeit ist vor dem Resultat, oder besser: Bedingung des Resultats. Nicht Ich, die Substanz, denke, sondern: Als die Tätigkeit, die ich bin, denke ich mich als Substanz, der ich dann mein Denken zuschreibe, weil ich objektiviere.

Wenn Fichte Tätigkeit als das Erste, als Prinzip denkt, so fragt sich, was denn aus diesem Prinzip, diesem Grund, folge. Um diese Frage zu beantworten, müssen wir uns vor Augen halten, was Fichte mit seiner Reflexion erreichen wollte. Fichte will, wie er es bei Kant gesehen hat, auf die Bedingungen der Möglichkeit des Bewußtseins zurückgehen. Er geht hier auf die erste, nicht etwa die einzige Bedingung zurück. Diese Bedingung kann man Prinzip nennen, weil sie in der Tat notwendige Bedingung des Bewußtseins ist und es insofern begründet; hinreichende Bedingung ist sie keineswegs. Sie behauptet Identität; von Differenz, die doch wohl zu unserem Bewußtsein gehört, ist im ersten Paragraphen der *Grundlage* überhaupt keine Rede. Sie folgt nicht aus der Identität beziehungsweise dem mit sich identischen Selbstbewußtsein.

Es ist kein Gegenargument gegen Fichte, daß Identität nur im Gegensatz zur Differenz gedacht werden kann. Diese Entgegensetzung ist erst auf der Ebene des konstituierten Bewußtseins möglich. Fichte aber denkt die Bedingungen der Möglichkeit dieses Bewußtseins. Diese Bedingung jedoch ist die identische Handlung vor jeder Differenzsetzung, vor – nicht im zeitlichen, sondern im konstitutionellen Sinn.

Wissen ist Tätigkeit; eine Tätigkeit, wenn sie sich vollzieht, ist. Wenn also das Wissen sich weiß, so ist es, und es ist nur, wenn es sich weiß, und sein Sein ist nichts anderes als Wissen. Fichtes Formel lautet: »Ich *bin schlechthin*, d. i. *ich bin schlechthin*, weil *ich bin; und bin schlechthin,* was *ich bin; beides* für das Ich.«[5] Die Formel verleitet, wenn man sie nicht im Sinne Fichtes liest, zu einem falschen Verständnis. Ich meint den Grundakt des Bewußtseins, der nicht abgeleitet werden kann, weil er aus sich selbst ist. Er ist schlechterdings, was er ist, nämlich Wissen, und er ist nicht wie ein Stein einfach da, sondern er ist für sich er selbst, das heißt indem er sich weiß; er ist Selbstbewußtsein.

Diese Grundtätigkeit nennt Fichte Ich und meint damit nicht etwa eine Substanz, sondern die Grundtätig-

5 GA I 2, 260; SW I 98.

keit, auf Grund deren erst eine Substanz gedacht werden kann. Er faßt sie in der Kurzformel: »*Ich bin Ich*«[6] oder noch kürzer »*Ich bin*«.[7]

Die Formel »Ich bin Ich« hat die Form A = A, fällt aber nicht unter diese, wie schon die Formel »Ich bin« zum Ausdruck bringt. Das »Ich bin«, der identische Grundakt des Bewußtseins, ist die Bedingung für den Vollzug der in A = A ausgedrückten Identität jedes Gedachten und fällt als solches nicht darunter.

Fichtes Wissenschaftslehre wird oft unterstellt, sie falle aus der Transzendentalphilosophie heraus in Ontologie oder Metaphysik. So liest man beispielsweise: »Für Fichte [...] ist Tathandlung das Prinzip, aus dem die Welt entsteht. Die Tathandlung ist also primär kein erkenntnistheoretisches, sondern ein ontologisches und metaphysisches Prinzip.«[8] Ganz ähnlich läßt sich Anthony Kenny in seiner *Geschichte der abendländischen Philosophie* über die Wissenschaftslehre vernehmen, nämlich »das unmittelbare Leben des Geistes sei der Schöpfer aller Erscheinungen, einschließlich der erscheinenden Individuen«.[9] Fichte behauptet aber gar nicht, daß die Welt aus der Tathandlung, dem Ich, entstehe, nicht einmal, daß das Wissen von der Welt rein aus dem Ich entstehe, sondern einzig, daß all diesem Wissen der eine

6 GA I 2, 259; SW I 96.

7 GA I 2, 258; SW I 95.

8 Kühn, *Fichte*, S. 228. Man vergleiche dagegen die sorgfältige Analyse des Paragraphen 1 bei Jürgen Stolzenberg, »Fichtes Satz ›Ich bin‹«, in: *Fichte-Studien* 6 (1994), S. 1-34.

9 Anthony Kenny, *Geschichte der Abendländischen Philosophie*, Bd. 3, aus dem Englischen von Manfred Weltecke, Darmstadt 2012, S. 121.

Grundakt als Bedingung zugrunde liege. Zweifellos mutet Fichte uns eine neue Weltsicht zu. Unser Bewußtsein ist das Erste, aber keinesfalls das Einzige und schon gar nicht der Weltschöpfer.

Blicken wir zurück auf das, was Fichte getan hat. Von der Tatsache eines logischen Gesetzes aus suchte er dessen Grund, und zwar im Bewußtsein. Dieser Grund, die Tathandlung beziehungsweise das Ich, ist nicht unmittelbar wie ein Gegenstand sichtbar zu machen. Fichte kann darauf nur verweisen. Dem Verweis müssen wir für uns selbst folgen. Differenzierendes begriffliches Denken, Begreifen, versagt hier vor der intellektuellen Anschauung. Auch durch die Formulierung »intellektuelle Anschauung« kann das Gemeinte nur negativ ausgedrückt und erfaßt werden. Der Grund unseres Bewußtseins, den wir immer schon vollziehen, entzieht sich dem Zugriff des Begriffs und ist damit auch kein Gegenstand. Es kann wirklich nur darauf hingewiesen werden.

Was ist aber nun gefunden? Eine Einheit ohne Differenz, Selbstbewußtsein, und zwar in intellektueller Anschauung, ein Wissen des Wissens ohne Reflexion. Daraus aber folgt nichts, schon gar nicht das Entstehen der Welt. Folgen wäre ein Übergang, der eine Differenz verlangt. Von Differenz ist jedoch im ersten Grundsatz gar keine Rede. Er nennt die erste, keinesfalls die einzige Bedingung unseres Bewußtseins. Was zu begründen ist, nämlich unser Wissen, wie es faktisch ist, hat bis jetzt noch keine vollständige Begründung erhalten.

§ 2. Zweiter, seinem Gehalte nach bedingter Grundsatz. Der erste Grundsatz ist schlechthin unbedingt, dieser zweite ist seinem Gehalt nach bedingt, das heißt umgekehrt seiner Form nach unbedingt. Das in diesem

Grundsatz Ausgesprochene steht unter der schlechthinnigen Unbedingtheit des im ersten Grundsatz ausgesprochenen Ichs beziehungsweise der Tathandlung. Diese ist Einheit; es kann aus ihr keine Folge gedacht werden, denn diese würde die Einheit als Grund in Gegensatz zu einer Folge setzen, damit aber die Einheit aufheben. Wenn also von einem zweiten Grundsatz die Rede ist, so kann dieser nicht die schlechthin unbedingte Tathandlung aufheben oder gar mit ihr identisch sein. Die Form des zweiten Grundsatzes muß unter der Bedingung des ersten stehen, also unter der Bedingung der Einheit der Tathandlung. Sie muß aber ihrem Gehalt nach etwas aussagen, was aus dem ersten nicht folgt. Wenn nun der erste Grundsatz Einheit aussagt, so bleibt dem zweiten nur Differenz. Dieser zweite Grundsatz ist also, soweit er nicht seinem Gehalt nach bedingt ist, als Grundsatz unbedingt. Er kann nur einen anderen Gehalt ausdrücken, damit er sich vom ersten unterscheidet. Der allererste Unterschied im Bewußtsein aber ist der seiner Tätigkeit von dem Gegenstand.

In unserem Wissen ist nicht nur unsere Tätigkeit, sondern auch deren Resultat, das Gewußte, das Vorgestellte. Dieses unterscheidet sich von der Tätigkeit des Wissens, es ist nicht Akt, sondern im wortwörtlichen Sinn Faktum, Gemachtes beziehungsweise Gegenstand. Nun steht jeder Gegenstand unter der notwendigen Bedingung des Wissens als Tätigkeit. Diese ist also, wie im ersten Paragraphen gezeigt, als oberste Bedingung vorausgesetzt. Der Gehalt dieses ersten Paragraphen, also das Ich, ist die Bedingung eines zweiten Grundsatzes, der ausspricht, was es ermöglicht, von dem, was gewußt wird, zu sprechen.

Es soll hier – und wenn es zum Überdruß ist – darauf aufmerksam gemacht werden, daß der zweite Grundsatz seiner Form nach unbedingt ist, daß also die Setzung des Unterschieds nicht aus der Identität des ersten folgt, sondern diese nur voraussetzt. Wir haben es hier nicht mit einer Ableitung zu tun, sondern mit einer neuen, einer zweiten Tätigkeit. Da diese nicht abgeleitet werden kann, muß Fichte sie finden. Er geht also vor, wie er beim ersten Grundsatz vorgegangen ist.

Wie im ersten Paragraphen geht Fichte von einer logischen Gesetzesformel aus: »-A ist nicht A«; dabei bedeutet -A das verneinte A, »ist nicht« die Copula. Der Unterschied zu A = A liegt in der Copula: sie negiert, -A sei A. Zwischen den beiden, A und -A, wird, wie es die Copula »ist nicht« ausdrückt, unterschieden.

Fichte geht ganz parallel zum ersten Paragraphen vor. Dieses zweite logische Gesetz muß wie das erste (A = A) in einer Handlung des Bewußtseins gegründet sein, welche die Form hat: -A ist nicht A. Das Ich ist Tathandlung, welche ja die Form A = A hat. Wenn wir von Tathandlung sprechen, so sind die Handlung und deren Resultat, die Tat, ununterscheidbar beziehungsweise identisch. Die neue Handlung kann demgegenüber nur das Unterscheiden sein, sie muß also das, was im Ich eins und dasselbe ist, unterscheiden. Die Tätigkeit, die Handlung des Bewußtseins unterscheidet sich von ihrer Tat, ihrem Gewußten. Das tätige Bewußtsein ist im vorangehenden Paragraphen schon erörtert und hier vorausgesetzt. Jetzt wird im zweiten Paragraphen dasjenige konstituiert, was nicht Tätigkeit selbst ist: der Gegenstand, besser noch: die Gegenständlichkeit. Auch diese neue Tätigkeit vollzieht das Bewußtsein; es vollzieht aber nun keine Tätigkeit der Identifizierung, sondern eine der Unterscheidung. Aus jener ist diese nicht ableitbar; wohl aber muß bei jeder Unterscheidung das Unterschiedene auf Einheit bezogen sein, damit überhaupt von Unterschied die Rede sein kann. Diese Einheit ist die im ersten Grundsatz ausgesprochene schlechthin unbedingte Voraussetzung. Wenn wir diese Einheit soeben als ununterschieden charakterisiert haben, so ist jetzt deutlich, daß diese Bezeichnung eine Negation des Unterschieds ist, also von demjenigen Bewußtsein aus ausgesagt wird, das durch die zweite Handlung schon konstituiert ist.

Die Tathandlung wurde als intellektuelle Anschauung interpretiert. Dieser Ausdruck sagt gerade, daß hier das Begreifen an seine Grenze kommt, daß die hier gemeinte Identität zum Beispiel als Ununterscheidbarkeit nicht zureichend ausgesprochen ist, aber auch als das, was sie ist, überhaupt nicht ausgesprochen werden kann. Durch den zweiten Grundsatz beziehungsweise die in ihm aufgezeigte Handlung, ist das Begreifen anfänglich begründet. Zum Begreifen gehören Unterschiede, sie sind hier begründet. Das zum Unterscheiden gehörige Beziehen wird im dritten Grundsatz abgehandelt. Beide zusammen machen das Begreifen möglich.

Was Fichte im zweiten Grundsatz darlegt, kennen wir alle. In unserem alltäglichen Bewußtsein unterscheiden wir das Sehen vom Gesehenen, das Hören vom Gehörten, das Denken vom Gedachten etc. Diesen Unterschied überhaupt machen zu können liegt vor jedem Gehalt, den wir vorstellen, oder anders: Er ist die Bedingung für das Fassen auch nur irgendeines Gehaltes. Wir müssen nämlich, bevor wir diesen oder jenen bestimmten Gehalt fassen, diesen als Gehalt von unserem Wissensvollzug unterscheiden. Wir müssen ihn, um es nochmals anders auszudrücken, als Gehalt vom Bewußtseinsvollzug unterscheiden. Daß wir überhaupt unterscheiden können, ist aus dem Ich ganz und gar nicht abzuleiten. Das Ich ist zwar vorausgesetzt, weil jede Unterscheidung sich auf eine Einheit beziehen muß, welche die Unterschiedenen festhält. Das Unterscheiden selber aber ist eine nicht aus der Einheit ableitbare Handlung und insofern unbedingt. Wer unterscheidet, setzt dem Einen ein Anderes entgegen. Daher spricht Fichte vom Entgegensetzen und behauptet, es werde »*dem Ich schlechthin entgegengesezt ein Nicht-Ich*«.[10] In dieser Formulierung ist Nicht-Ich strikt als Gegensatz zu Ich gemeint. Es ist das Vorgestellte, Gewußte, Gewollte, das, was nicht Akt des Bewußtseins ist. Wenn Ich, wie ausgeführt, nicht meine Person meint, so ist beispielsweise mein Leib Nicht-Ich; denn er ist nicht Wissensvollzug, sondern ein Gewußtes.

Fichtes Rede, das Ich setze sich ein Nicht-Ich entgegen, ist manchen Fehlinterpretationen ausgesetzt, vor allem der, wonach das Ich, möglichst noch als die jeweilige Person verstanden, die Welt schaffe. Setzen aber bedeutet nicht Schaffen, sondern im Bewußtsein haben. Man stelle sich vor, wir könnten uns nicht von dem, was wir in unserem Bewußtsein haben, unterscheiden! Sie hätten das Buch, das Sie lesen, buchstäblich im Kopf oder Sie würden es aus sich heraus schaffen. Diesen Unsinn behauptet Fichte nun wirklich nicht. Vielmehr behauptet er, das Bewußtsein kenne a priori den Unterschied von sich als Tätigkeit und seinem Gewußten oder Gewollten.

§ 3. Dritter, seiner Form nach bedingter Grundsatz.

10 GA I 2, 266; SW I 104.

Der erste Grundsatz war schlechthin unbedingt. In ihm »konnte gar nichts erwiesen werden«.[11] Der zweite Grundsatz war seinem Gehalt nach bedingt. In ihm ließ »*die Handlung des Entgegensetzens* sich nicht ableiten«.[12] Ein dritter und letzter kann dann nur noch seiner Form nach bedingt sein. Fichte erläutert: »Die Aufgabe für die Handlung, die durch ihn aufgestellt wird, ist bestimmt durch die vorhergehenden zwei Sätze gegeben, nicht aber die Lösung derselben. Die letztere geschieht unbedingt, und schlechthin durch einen Machtspruch der Vernunft.«[13] Mit Machtspruch ist keine Willkürtat gemeint, sondern die Spontaneität der Vernunft, die nur aus sich selbst zu begreifen ist.

Die beiden vorhergehenden Grundsätze haben Handlungen oder Tätigkeiten des Bewußtseins aufgewiesen, so auch dieser. Die neue Tätigkeit soll vermitteln zwischen den beiden vorangegangenen Tätigkeiten des Bewußtseins; denn diese widersprechen sich, insofern sie Setzen und Gegensetzen beinhalten. Ihre Gehalte sind bestimmt: Wissen und Gewußtes. Zu suchen ist nun die Form der Vermittlung. Auch sie muß gesucht werden, weil sie durch die vorangehenden Grundsätze nicht gegeben ist. Sie kann daher nicht abgeleitet werden und zeigt sich so als unbedingt.

Wir haben Wissen und Gewußtes, Ich und Nicht-Ich. Beide sind entgegengesetzt und schließen sich gegenseitig aus; tätiges Wissen ist gerade nicht Gewußtes. Nun fällt aber doch, was wir wissen, nicht aus dem Bewußtsein heraus, ganz im Gegenteil, wir wissen es ja. Das eine

11 GA I 2, 267; SW I 105.
12 Vgl. GA I 2, 268; SW I 105.
13 GA I 2, 268; SW I 105 f.

ist nicht ohne das andere. Im Wissen des Wissens gibt es keine Grenze, es weiß sich und sonst nichts, genauer: nicht einmal »sonst nichts«. Nach dem zweiten Paragraphen ist das Wissen durch Gewußtes begrenzt. Andererseits muß es doch das, was es weiß, so umfassen, daß dieses als Gewußtes zu wissen ist.

Was begrenzt ist, ist nicht unendlich. Beide, Wissen und Gewußtes, sind somit gewissermaßen abzählbar geworden, soviel ist A, soviel -A beziehungsweise Wissen und Gewußtes. Sie sind, wie Fichte sich ausdrückt, teilbar geworden. Wenn das Wissen im ersten Paragraphen alles war, und zwar so, daß kein Unterschied in ihm war, unterscheidet es sich jetzt, hat eine Grenze. Soviel ist gewußt, soviel die Tätigkeit des Wissens. Was wir wissen, ist nicht die Tätigkeit des Wissens. Wissen und Gewußtes stehen einander gegenüber. Da in dieser jetzigen Reflexion Wissen und Gewußtes sich begrenzen, so sind sie auch als Quantitäten oder als teilbar zu denken. Damit ist die im ersten Grundsatz behauptete Unendlichkeit des Bewußtseins begrenzt beziehungsweise es zerfällt in zwei Aspekte seiner selbst, einen unendlichen, der alles Gewußte in sich übergreift, und einen anderen, der sich von diesem abgrenzt und damit endlich, ein Quantum ist. Das aber bedeutet, daß Ich und Nicht-Ich teilbar sind; der Teil der ganzen Realität, den eines hat, hat das andere nicht; die Realität ist somit geteilt und teilbar. Anders: Das Eine Ich teilt sich in das Subjekt, welches weiß, und das Objekt, welches gewußt wird.

Dieser Überlegung steht allerdings entgegen, daß das absolute Ich, die Tathandlung, nicht einzuschränken oder zu teilen ist. Wenn das Ich jetzt aber als teilbar und damit als Quantum zu verstehen ist, so ist es endlich, etwas, und keinesfalls schlechthin unbedingt. Fichte beharrt jedoch darauf: »Das absolute Ich des ersten Grundsatzes ist nicht *etwas*; (es hat kein Prädikat, und kann keins haben), es ist schlechthin, *was* es ist, und dies läßt sich nicht weiter erklären.«[14] Es ist fortan also von einem endlichen und einem unendlichen Ich zu reden. Diese Rede bezeichnet nicht zwei Ich, sondern ein und dasselbe Ich unter zwei Aspekten. Ich bezeichnet in beiden Redeweisen die Tätigkeit, das Wissen. Im Wissen wissen wir den Akt unseres Wissens von dem Gewußten zu unterscheiden und auch auf es zu beziehen. Wir wissen uns als diejenigen, die dieses oder jenes wissen. Wir gehen aber nicht in diesem Wissen auf. Wir wissen vielmehr, daß wir noch vieles andere, was wir jetzt gerade nicht aktuell wissen, wissen könnten. Wir wissen somit, daß unser Wissen die eben genannten beiden Aspekte hat, einmal unabschließbar beziehungsweise unendlich zu sein, zum anderen gerade dieses und nichts anderes zu wissen. Die Handlung des Wissens ist immer mehr, als gerade gewußt wird. Im aktuellen Wissen weiß ein begrenztes, bestimmtes Ich ein ebenso begrenztes, bestimmtes Nicht-Ich, ein Subjekt ein Objekt, aber es weiß, daß sein Wissen mehr ist als jedes bestimmte und begrenzte Wissen. Beide Aspekte des Ich gehören zusammen.

Die unterschiedenen Ich und Nicht-Ich werden als teilbar gesetzt und aufeinander bezogen. Fichte hat damit den Reinholdschen Satz des Bewußtseins tiefer begründet und gegen die Angriffe des *Aenesidemus* in Schutz genommen.

Mit dem Beziehen hat Fichte die Handlung der Rela-

14 GA I 2, 271; SW I 109.

tion gewonnen. Aufeinander beziehbare Relate sind nur als endlich zu denken. Die Beziehung kann von einem zum anderen gedacht werden oder umgekehrt. Von dort her ergeben sich für die Wissenschaftslehre zwei Möglichkeiten, nämlich das Nicht-Ich bestimmt das Ich oder das Ich bestimmt das Nicht-Ich. Die erste begründet die theoretische, die zweite die praktische Philosophie.

Jetzt kann abgeleitet werden und Fichte wendet sich zunächst der theoretischen Philosophie, dann der praktischen zu. Was er dort verhandelt, stellt er leichter faßlich in seiner *Bestimmung des Menschen* dar, der wir uns später zuwenden.

4. Grundlage des Naturrechts nach Principien der Wissenschaftslehre

Fichte wird in Jena begeistert aufgenommen, aber auch argwöhnisch, gar neidisch beäugt. Er hält in seinem ersten Jahr neben der Privatvorlesung über die *Grundlage* eine öffentliche Vorlesung. Bald wird die Nachricht verbreitet, er habe in dieser gesagt, es gebe bald keine Fürsten mehr. Damit rückt man ihn in die Nähe der Revolution. Zum Beweis, daß er solches nicht gesagt habe, läßt Fichte die ersten fünf Vorlesungen gemäß seinem Manuskript, ganz so wie er sie gehalten hat, unter dem Titel *Einige Vorlesungen über die Bestimmung des Gelehrten* drucken.

Es wird aber nicht ruhig um Fichte. Im Winter will er diese Vorlesung fortsetzen und legt sie auf den Sonntag, da er in der Woche keine geeignete Zeit für sie findet, und zwar um 10 Uhr, damit er nicht mit dem Universitätsgottesdienst, der um 11 Uhr stattfindet, in Kollision kommt. Nicht beachtet hat er, daß um 10 Uhr der Gottesdienst in der Stadtkirche gehalten wird. Man wirft ihm nun vor, er habe absichtlich den christlichen Gottesdienst durch einen Vernunftgottesdienst ersetzen wollen, welcher Vorwurf auch indirekt den des Revolutionärs beinhaltet, da im jakobinischen Frankreich zeitweise ein Vernunftgottesdienst gefeiert wurde. Schließlich wird die Vorlesung auf den Nachmittag verlegt.

Die Vorwürfe gegen Fichte hatten einen Anhalt in seinem vor seiner Berufung veröffentlichten »Beitrag zur Berichtigung der Urtheile des Publikums über die französische Revolution«. Obwohl diese Schrift anonym erschienen war, kannte man den Verfasser. Der Verleger will nun eine zweite Auflage veranstalten. In Jena raten wohlmeinende Persönlichkeiten Fichte davon ab. Dieser läßt sich jedoch nicht beraten und schwächt so seine Position im Herzogtum.

Fichte hat bei vielen Studenten Vertrauen erworben. Ein Teil derselben hatte sich in Orden verbunden, die jenseits der Legalität agierten. Fichte bringt einige dieser Orden zur Auflösung. Darauf werden ihm mehrmals die Fenster eingeworfen. Er zieht sich dann ein Semester lang ins nahe Osmannstädt zurück. Danach wird es relativ ruhig um ihn.

In Jena lebt Fichte im Umgang mit bedeutendsten Persönlichkeiten seiner Zeit: Goethe, Hardenberg alias Novalis, Hölderlin, Wilhelm von Humboldt, Schelling, Schiller, die Schlegels, alle leben wenigstens eine Zeitlang mit Fichte am Ort und verkehren mehr oder weniger intensiv mit ihm.

Das nächste größere Werk Fichtes nach der *Grundlage der gesammten Wissenschaftslehre* ist die in zwei Teilen 1796 und 1797 erschienene *Grundlage des Naturrechts nach Principien der Wissenschaftslehre*. Der wichtigste, nämlich grundlegende Teil ist der erste; ihm wenden wir uns zu.

Fichte hat, bereits als der erste Teil des *Naturrechts* im März 1796 erscheint, manches Mißverständnis seiner Wissenschaftslehre zur Kenntnis nehmen müssen. Er bemüht sich daher um ein zutreffendes Verständnis seiner Philosophie.

Die Hauptschwierigkeit ist genau die, welche auch bei der bisherigen Darstellung schon begegnete, am Anfang keine Substanz, die etwas tut, sondern Tätigkeit zu denken. Gleich zu Anfang des *Naturrechts* erläutert Fichte, was er mit dem Wort Ich bezeichnet, nämlich die Vernunft selbst, und zwar deshalb, weil in ihr »das Handelnde, und das Behandelte Eins sey«.[1] Fichte erläutert: »das Ich selbst ist nichts anders, als ein Handeln auf sich selbst«, und er merkt dazu noch an: »Ich möchte nicht einmal sagen: ein *Handelndes*, um nicht zur Vorstellung eines Substrats [...] zu veranlassen.«[2] Fichte hatte schon in der *Grundlage der gesammten Wissenschaftslehre* dieses Handeln als das Bewußtsein des Bewußtseins von sich selbst eingeführt. Daran hält er fest.

Fichte geht in seinem *Naturrecht* von der zwei Jahre zuvor schon dargelegten Theorie aus, der zufolge sich das Ich selbst, aus und durch sich selbst setzt, und somit frei ist. Zugleich setzt es von ihm unterschiedene Objekte und weiß sich in dieser Setzung gebunden – wenn diese Tätigkeit keine Phantasievorstellung, sondern die eines wirklichen Gegenstandes ist, weiß sich das vernünftige Wesen in ihr »*gebunden*«.[3] Etwas Bestimmtes ist dadurch bestimmt, daß ihm etwas anderes entgegengesetzt ist. Eine solche, der gebundenen entgegengesetzte Tätigkeit wäre daher eine freie. Insofern sich diese auf wirkliche Objekte bezieht, würde sie diese nicht als vorhandene wissen, sondern als zukünftige entwerfen, mit anderen Worten, sich Zwecke setzen. Eine solche Tätigkeit hat ihren Grund rein im vernünftigen Wesen und ist somit frei. Zwecksetzung setzt eine Welt, in der Zwecke gesetzt werden können, voraus und bezieht sich auf sie, ist aber, insofern sie den Zweck setzt, frei. Soll ein Zweck mehr

1 GA I 3, 313; SW III 1.
2 GA I 3, 313; SW III 1 f.
3 GA I 3, 330; SW III 18.

sein als ein Wunsch, so muß zu ihm das Vermögen, in der materiellen Welt handeln zu können, hinzugedacht werden. Wahre Zwecksetzung ist also nur möglich, wo das zwecksetzende Subjekt sich eine Realisierungsmöglichkeit zuschreibt, also Wirksamkeit. Erst durch solches Handeln, so wiederholt Fichte seine im dritten Teil der *Grundlage der gesammten Wissenschaftslehre* dargelegte Theorie, ist Wissen möglich. Da Zwecksetzung frei ist, ist Objektwissen erst durch Freiheit möglich.

Fichte stellt nun einen Zirkel auf: Objekte zu wissen ist nur durch Freiheit, genauer Zwecksetzung möglich. Zwecksetzung ist aber nur möglich in bezug auf Objekte. Wie – und das ist die Frage, die aus dem Zirkel führt – ist denn ein Anfang zu finden? Zwecksetzung ist frei, das heißt Selbstbestimmung. Sie müßte dem Subjekt gegeben werden, damit es sich als frei verstehen und damit frei sein kann. Nun muß aber das Selbst die Selbstbestimmung selbst vollziehen. Selbstbestimmung kann nicht gegeben werden wie eine sinnliche Wahrnehmung, weil diese ja gebunden ist. Fichtes Gedanke, der das Problem löst, ist der, daß Selbstbestimmung dann gegeben werden kann, wenn nur deren Begriff gegeben wird. Als theoretischer Begriff jedoch kann Selbstbestimmung nicht gegeben werden; denn diese ist ja Praxis. Sie kann also nur als praktischer Begriff gegeben werden. Das bedeutet aber, daß der Begriff so gegeben wird, daß der Vollzug der Selbstbestimmung in die Freiheit des Subjektes, dem der Begriff gegeben wird, gestellt ist. Dieses Subjekt kann dabei nicht bestimmt werden, es wird ihm die Selbstbestimmung zugemutet. Der entscheidende Punkt ist nicht der, daß eine bestimmte Handlung zugemutet wird, sondern daß zur Selbstbestimmung beim Vollzug welcher

Handlung auch immer aufgefordert wird. Der gesuchte Begriff ist damit der der Aufforderung. In dieser wird »ein *Bestimmtseyn des Subjekts zur Selbstbestimmung*«[4] gedacht. Es wird eine Bestimmung des Handelns vorgegeben, aber nicht durchgeführt. Die Ausführung wird von der Freiheit des Aufgeforderten abhängig gemacht. Indem die Ausführung von der Selbstbestimmung des Aufgeforderten abhängig gemacht wird, wird ihm der Begriff der Selbstbestimmung gegeben. Wie alles Gegebene, so ist auch eine Aufforderung von außen gegeben. Daher muß sie sinnlich wahrnehmbar sein, etwa als Geste oder Rede. Damit können wir uns nicht nur als vernünftige Wesen begreifen, sondern müssen uns zugleich als leiblich existierende Wesen verstehen.

Eine Zumutung fordert nicht auf zu etwas, das schon ist – das wäre sinnlos. Sie fordert auf zu »etwas, das im künftigen [Momente] seyn *soll*«.[5] Sollen richtet sich an Selbstbestimmung, die, weil sie eben dies ist, vollzogen werden kann oder auch nicht. Falls eine Aufforderung nicht als solche verstanden wird, geht sie ins Leere; es erfolgt überhaupt keine Selbstbestimmung des Aufgeforderten. Wenn sie aber verstanden wird, ergibt sich eine Beziehung, und zwar eine beiderseitige. Ein aufforderndes Subjekt kann nur zur Selbstbestimmung auffordern, wenn es versteht, wozu es auffordert, also sich selbst bestimmt hat. Es versteht aber auch das Aufgeforderte als frei, sonst könnte es dieses ja gar nicht auffordern. Ebenso versteht das Aufgeforderte, indem es sich als aufgefordert begreift, sich selbst und das Auffordernde als frei. Es findet also hier eine doppelseitige Beziehung

4 GA I 3, 342; SW III 33.
5 GA I 3, 343; SW III 33.

statt, und zwar eine freie. Fichte spricht von »einer *freien Wechselwirksamkeit*«.[6]

In jeder Aufforderung wird darüber hinaus, daß zu einer bestimmten Handlung aufgefordert wird, zuallererst die Freiheit der in diesem Wechselverhältnis Stehenden anerkannt. Eine Aufforderung »hat gar keinen Zweck, wenn sie nicht zuförderst den hat, daß wir sie als solche erkennen sollen«.[7] Die Anerkennung als vernünftiges Wesen macht die Erkenntnis des Menschen als solchen aus. Im Wort »Anerkennung« liegt Erkenntnis; wir erkennen uns daran, daß wir uns anerkennen. Diese Anerkennung meint Fichte hier nicht moralisch, sondern theoretisch. Einen Menschen böse und ungerecht zu behandeln, setzt ja voraus, daß man ihn als freies und vernünftiges Wesen erkennt.

Der für Fichtes Rechtsverständnis ausschlaggebende Gesichtspunkt ist der, daß es sich hier um Erkenntnis handelt, nicht etwa um sittliche Verpflichtung. Wir können keine theoretische Erkenntnis von Menschen haben, wenn wir diese und uns selbst nicht als frei und vernünftig anerkennen.

Fichte hat sich hier einer Frage angenommen, die – soweit ich sehe – noch kein Philosoph vor ihm gestellt hat, nämlich wie wir unter allen den Objekten, von denen wir umgeben sind, diejenigen erkennen, die wir als Subjekte ansehen. Seine Lösung ist der Begriff der Anerkennung. Dieser aber ist der Begriff freier Wechselwirkung. Da die einzigen vernünftigen Wesen, die wir kennen, Menschen sind, kann der Begriff des Menschen gar nicht der Begriff eines Einzelnen sein, »sondern der

6 GA I 3, 344; SW III 34.
7 GA I 3, 347; SW III 38.

einer Gattung«.[8] Das Individuum ist nur innerhalb der Gattung denkbar.

Auf diesen Begriff gründet Fichte seine Rechtsphilosophie. Individuen unterscheiden sich gemäß dem Ausgeführten durch Anerkennung beziehungsweise durch die jeweilige Rolle in einer Aufforderung. Diese setzt den Grund der Handlung außerhalb des aufgeforderten Individuums, nämlich in das auffordernde, und innerhalb desselben, insofern es zur Selbstbestimmung aufgefordert ist. In der Aufforderung liegt somit die Unterscheidung der Individuen voneinander und zugleich die Beziehung aufeinander.

Fichte erläutert genauer: Auffordern heißt zu etwas Bestimmtem auffordern, einen Handlungsspielraum oder, wie Fichte sagt, eine Sphäre vorgeben. Dem Anderen einen Spielraum vorgeben heißt zugleich, sich selbst einen vorzubehalten, und damit einen gemeinsamen Spielraum, in dem beide Spielräume unterschieden sind, zu setzen. Damit sind diese Räume begrenzt: du hast diesen, ich jenen. Ob eine Aufforderung verstanden wird, sieht man aus der Reaktion des Aufgeforderten. Selbstbestimmung ist eben nur in Wechselwirksamkeit möglich. Das aber bedeutet, daß das Verhalten des Einen das des Anderen, wie dargelegt, bedingt. Es kann nur gedacht werden als eine »Wechselwirkung durch Intelligenz und Freiheit«.[9] Diese Wechselwirkung ist wechselseitige Anerkennung des Einen durch den Anderen und umgekehrt. Auf diesem Begriff beruht, wie Fichte sagt, »unsere ganze Theorie des Rechts«.[10]

8 GA I 3, 347; SW III 39.
9 GA I 3, 351; SW III 44.
10 GA I 3, 351; SW III 44.

Anerkennung eröffnet Handlungsräume, und zwar bestimmte. Anerkennung äußert sich somit in Handlungen; nur in diesen wird die Anerkennung erfahrbar. Diese ist, wie gezeigt, nur gegenseitig zu denken. Anerkennung vollzieht sich also in aufeinander bezogenen Handlungen. Die in solcher Beziehung stehenden Individuen sind »durch theoretische Consequenz genöthigt«,[11] sich kategorisch anzuerkennen, und zwar in Handlungen, die Vernunft und Freiheit entsprechen.

Selbstbestimmung soll Vernunft und Freiheit entsprechen, muß es aber nicht. Ein Individuum, das nicht entsprechend handelt, verweigert anderen die Anerkennung und behandelt sie als unvernünftige, rein sinnliche Objekte. Anerkennendes Verhalten ist vernünftiges, damit nicht beliebiges, sondern allgemeingültiges oder regelgeleitetes. Regeln für Handlungen sind Gesetze, hier noch nicht erlassene, sondern solche der Vernunft selbst. Wer gegen diese Regeln verstößt, handelt inkonsequent, insofern er nicht seiner Erkenntnis der Anderen als freien, vernünftigen Wesen folgt. Er behandelt die Anderen als Naturobjekte, macht sich aber in der Konsequenz umgekehrt für deren Verhalten auch zu einem solchen. Wer einen solchen Verstoß, sei es ein eigener oder fremder, konstatiert, beurteilt ihn in seinem Bewußtsein. Aus solchem Urteilen läßt sich die Einrichtung eines Gerichts verstehen.

Es ergibt sich: »*Ich muß das freie Wesen ausser mir in allen Fällen anerkennen als ein solches, d. h. meine Freiheit durch den Begriff der Möglichkeit seiner Freiheit beschränken.*«[12]

11 GA I 3, 354; SW III 47.
12 GA I 3, 358; SW III 52.

Dieses Verhältnis nennt Fichte das Rechtsverhältnis und die hier zitierte Formel den Rechtssatz.

In einem Corollarium betont Fichte, sein Begriff des Rechts habe »mit dem Sittengesetze nichts zu thun«.[13] Dieses gebiete die Pflicht kategorisch, jenes erlaube, daß man sein Recht ausübe. Im übrigen müsse sich Recht erzwingen lassen und habe mit dem guten Willen nichts zu tun. Diese These versteht sich von derjenigen her, daß die Anerkennung sich in Handlungen äußern muß. Handlungen können erzwungen werden, Gesinnung nicht.

Mit dem Rechtssatz hat Fichte auf der Basis der Wissenschaftslehre die Grundlagen des Rechts expliziert und dieses als eine eigene Dimension menschlichen Lebens von der Sittlichkeit unterschieden. Darüber hinaus hat er gezeigt, wie wir uns als Menschen, als vernünftige Wesen unter Naturwesen erkennen. Das ist seine große, meines Erachtens seine größte Leistung.

13 GA I 3, 359; SW III 54.

5. Die Einleitungsschriften

Gegen Ende der 1790er Jahre liest Fichte an der Universität dreimal eine Vorlesung *Wissenschaftslehre nova methodo*. Diese ist nur in Nachschriften erhalten. Parallel dazu veröffentlicht Fichte in der Zeitschrift *Philosophisches Journal einer Gesellschaft teutscher Gelehrten* drei Aufsätze. Der erste und der letzte tragen im Journal die Überschrift »Versuch einer neuen Darstellung der Wissenschaftslehre«. Der erste enthält eine »Vorerinnerung«, der ein »Einleitung« überschriebener Text folgt; dieser Aufsatz wird gewöhnlich zitiert als »Erste Einleitung«; denn der folgende Aufsatz trägt den Titel »Zweite Einleitung in die Wissenschaftslehre für Leser, die schon ein philosophisches System haben«.[1] Die letzte Abhandlung ist abgebrochen. Wir folgen der angeführten Einteilung, wie sie im *Philosophischen Journal* vorliegt.

Es handelt sich insgesamt um eine neue Bearbeitung der Wissenschaftslehre, vergleichbar mit Beethovens drei Leonoren-Ouvertüren. Wie Beethoven auf ein und dasselbe motivische Material zurückgreift, so bearbeitet Fichte seinen schon dargelegten philosophischen Ansatz. Dieser erhält dabei einen neuen Akzent. Nun wird die Verankerung der Wissenschaftslehre in der praktischen Vernunft deutlicher als früher hervorgehoben. Da die »Zweite Einleitung« sich an Leser wendet, die schon ein philosophisches System haben, wendet sich die erste folglich an solche, die es nicht haben, die also im Gegensatz zu denen, die schon eines haben, unvoreingenommen sind.

1 GA I 4, 209; SW I 451.

»Erste Einleitung«. Diesem Aufsatz geht ein Motto voraus. Es ist derselbe, leicht gekürzte Text Francis Bacons, den Kant der zweiten Auflage seiner *Kritik der reinen Vernunft* vorangestellt hat. Fichte hat es, wie Peter Baumanns mit gutem Grund vermutet, von dort übernommen.[2] Es ist anzunehmen, daß philosophisch Interessierte das Kantische Motto kannten und es nun wiedererkennen sollten. Fichte will sich also deutlich auf die Kantische Philosophie beziehen. Sie ist für ihn wahr, aber bei weitem nicht zureichend begriffen. Fichte will, wie er in der »Vorerinnerung« schreibt, »sein Leben einer von *Kant* ganz unabhängigen Darstellung jener großen Entdeckung«,[3] die Kant gemacht hat, widmen. Die von Fichte hochgeschätzte Entdeckung ist die, daß »das Object durch das ErkenntnißVermögen, und nicht das ErkenntnißVermögen durch das Object gesetzt und bestimmt werde«.[4] Fichte verschweigt, daß er sein Philosophieren als tiefere Begründung des Kantischen Systems versteht, behauptet aber klar, daß auf Grund der eigenen Darstellung die Wissenschaftslehre für sich, unabhängig also von der Kantischen Philosophie, bestehe. Den Anspruch, das, was der Name Philosophie zum Ausdruck bringt, hinter sich gelassen zu haben, hält Fichte gerade in seinem Bezug auf Kant fest.

Der folgende, mit »Einleitung« überschriebene Text beginnt mit einer markanten Forderung: »Merke auf dich selbst: kehre deinen Blick [...] in dein Inneres«![5]

2 J. G. Fichte, *Versuch einer neuen Darstellung der Wissenschaftslehre*, hrsg. v. Peter Baumanns, Hamburg 1975, S. 114.

3 GA I 4, 183; SW I 419.

4 GA I 4, 184 f.; SW I 421.

5 GA I 4, 186; SW I 422.

Diese Forderung entspricht dem, was die Wissenschaftslehre von Anfang an sein will: Lehre des Wissens, nicht der Gegenstände des Wissens. Sie thematisiert aber ein Moment, das Fichte in der *Grundlage* nicht hervorhebt, nämlich die Denktätigkeit desjenigen, der in die Philosophie eintritt. Dieser soll etwas tun, aufmerken, seinen Blick wenden, und zwar auf den bestimmten Gegenstand des Nachdenkens. Daß der Gegenstand einer Wissenschaft ein frei ergriffener ist, lehrte schon die *Programmschrift*. Hier beginnt die Darstellung der Wissenschaftslehre genau mit diesem Akt.

Fichte geht, weil er Anfänger im Philosophieren erreichen will, nicht von einem logischen Gesetz, sondern von unserem Vorstellen aus. Ähnlich wie zuvor Reinhold beginnt er mit der unleugbaren Tatsache, daß wir im Bewußtsein Vorstellungen haben. Von diesen sind einige mit dem Gefühl der Notwendigkeit, andere dagegen mit dem Gefühl der Freiheit verbunden. Letztere haben keinen Grund, wenn denn das Gefühl der Freiheit zu Recht mit ihnen verbunden ist. Die ersten stellen Fakten vor, die wir nicht ändern können, die wir somit notwendig vorstellen. Wir sehen beispielsweise das Buch in unserer Hand mit schwarzen Zeichen auf weißem Papier. Wir können nicht anders wahrnehmen als so, wie wir wahrnehmen. Die Wahrnehmungen stellen sich als notwendigerweise so und nicht anders dar. Die Gesamtheit dieser mit dem Gefühl der Notwendigkeit begleiteten Vorstellungen nennen wir Erfahrung.

Die Philosophie fragt nach dem Grund der Erfahrung überhaupt. Grund und Folge sind unterschieden. Wenn die Erfahrung Folge eines Grundes ist, dann ist dieser Grund von der Erfahrung unterschieden. Wir leben kontinuierlich in der Erfahrung; wie kommen wir dann zum ihrem Grund, der von der Erfahrung unterschieden sein soll? Erfahrung ist verstanden als Inbegriff der mit Notwendigkeit begleiteten Vorstellungen. Es ist nun möglich, von Momenten, die überhaupt in der Erfahrung liegen, zu abstrahieren. Zwei solcher Momente sind zu unterscheiden, der Gegenstand und der Vorstellende, Objekt und Subjekt.

Naiv sagen wir, weil das Papier weiß ist, so ist auch die Vorstellung des Papiers weiß. Eine solche Behauptung aber unterscheidet zwischen dem Ding und der Vorstellung. Nun haben wir aber das Ding gar nicht ohne die Vorstellung. Die Rede vom Ding ist somit eine nicht eigens bedachte Abstraktion von der Vorstellung. Philosophisches Abstrahieren ist nur methodisch möglich und wird mit Freiheit vollzogen. Abstrahieren kann man vom Ding und vom vorstellenden Ich. Im ersten Fall entsteht Idealismus, im zweiten Dogmatismus. Fichtes Reflexion richtet sich nun auf das Abstrahieren selbst. Dieses geschieht mit dem Gefühl der Freiheit. Ich selbst bestimme mich zur Abstraktion. Reflektiere ich auf diese Abstraktion, so wird diese samt der Selbstbestimmung zum Objekt der Reflexion. Dann begreife ich, daß ich mich zur Abstraktion selbst bestimmt habe. Dabei setze ich »mich« voraus.

Fichte macht auf diese Weise klar, daß das Ich Voraussetzung von Erfahrung und Abstraktion ist. Erfahrung ist nur für ein Ich. Dieses Ich weiß sich aber nur in Abstraktion, zu der es sich frei bestimmt hat. Das Objekt dieser Abstraktion, das Ich, ist nur in der freien Abstraktion, also außer der notwendigen Erfahrung, erhaben über sie. Das Objekt des Idealismus, das Ich, kommt im Bewußtsein, nämlich in der Abstraktion, vor, das des Dogmatismus nur in der Vorstellung.

Idealismus und Dogmatismus können sich nach Fichtes Ansicht nicht gegenseitig widerlegen. Der Idealismus behauptet das Bewußtsein des freien Handelns, des Abstrahierens. Dieses Bewußtsein muß der Dogmatismus zugeben, erklärt es aber als durch Natur bewirktes, damit als unfreies Bewußtsein. Er meint, das Organ Gehirn ist notwendigerweise so und deshalb müssen wir so, wie wir es tun, vorstellen. Umgekehrt kann der Idealismus argumentieren, das Ding an sich des Dogmatikers sei nichts Wirkliches, sondern der gedachte Erklärungsgrund der Erfahrung. Ergo gibt kein theoretisches Argument den Ausschlag für die eine oder andere Ansicht. Demnach entscheidet ein Interesse.

Das Interesse an uns selbst, an unserer Freiheit spricht für den Idealismus. »Was für eine Philosophie man wähle, hängt sonach davon ab, was man für ein Mensch ist: denn ein philosophisches System ist nicht ein todter Hausrath, den man ablegen oder annehmen könnte, wie es uns beliebte, sondern es ist beseelt durch die Seele des Menschen, der es hat.«[6] Dieser Satz wird viel zitiert, meist ohne Beachtung des Kontextes. Manfred Kühn beispielsweise bezieht sich in seiner Biographie richtig auf Fichtes Text, wie er kurz nach dem Zitat steht: »zum Philosophen [...] muß man gebohren seyn«.[7] Kühn meint daraus die Konsequenz ziehen zu sollen: »Man ist also entweder schon ein Philosoph und kann dann als Philosoph erzogen werden, oder man ist gar kein Philo-

6 GA I 4, 195; SW I 434.
7 GA I 4, 195; SW I 435.

soph und kann deshalb auch nie einer werden.«[8] Richtig erwähnt ist, man müsse zum Philosophen erzogen werden, es fehlt aber die Fortsetzung, »und sich selbst dazu erziehen«.[9] Dieser letzte Satzteil nennt die wichtigste Bedingung, die freie Selbsttätigkeit im Denken. Falls man diese Bedingung außer acht läßt, verkürzt man Fichtes Behauptung zu Unsinn.

In den Kontext gehört die wenig vor der zitierten Stelle von Fichte vorgenommene Unterscheidung von »zwei Stufen der Menschheit«, denen, solange die höhere nicht »allgemein erstiegen ist, zwei HauptGattungen von Menschen« entsprechen. Von der einen Gattung, den als Dogmatikern charakterisierten, schreibt Fichte, daß diese »sich noch nicht zum vollen Gefühl ihrer Freiheit, und absoluten Selbstständigkeit erhoben haben«.[10] Dieses Gefühl der Freiheit muß angelegt, von Geburt an dasein, damit man sich zu ihm überhaupt erheben kann. Ohne dies ist der Mensch nicht denkbar. Der wahre Philosoph, der Idealist, ist derjenige, der sich erhoben hat, welche Erhebung Fichte der Menschheit, also wohl jedermann, zumutet. Philosoph zu werden ist somit in erster Linie durch Eigentätigkeit zu erreichen; denn »man kann durch keine menschliche Kunst dazu gemacht werden«,[11] wie Kühn richtig zitiert. Nicht durch irgendwelche Kunst, nicht durch angeborene Naturanlagen, überhaupt kann man nicht zum Philosophen *gemacht werden*, sondern man wird es durch Selbsttätigkeit. Diese hat aber eine Voraussetzung, das Gefühl der Freiheit. Wer zu philoso-

8 Kühn, *Fichte*, S. 354.
9 GA I 4, 195; SW I 435.
10 GA I 4, 194; SW I 433.
11 GA I 4, 195; SW I 435. Kühn, *Fichte*, S. 354.

phieren beginnt, kann nicht schon am Ende, bei einem begründeten Wissen angekommen sein; der Anfang ist Nichtwissen. Aus diesem herauszukommen, muß man ahnen, man könne selbst herauskommen, eben das Gefühl und nicht etwa ein reflexives Wissen der Freiheit haben. Deshalb auch wird Philosophie gewählt, indem man seiner Ahnung folgt oder nicht. Folgt man, wird man Idealist, folgt man nicht, Dogmatiker.

Allerdings leidet der Dogmatiker an Erklärungsnot, er hat nur die Kausalreihe, in der das Bewußtsein ein Teil der Erfahrung ist, die aber doch erklärt werden soll. Er erklärt also Erfahrung durch ebendieselbe. Dagegen kann der Idealist auf das Faktum der Selbstbestimmung verweisen. Dieses Faktum ist ein Tun, nicht einmal ein Tätiges. Ein Tun nach Gesetzen.

»Zweite Einleitung«. Gehen wir zurück! Wenn wir der Forderung »Merke auf dich selbst« folgen, stellen wir uns selbst als Gegenstand, genannt Ich, vor. Dann haben wir ein Bild, ein Fertiges, Abgeschlossenes vor uns. Nun soll das Ich doch auf sich *merken*, etwas tun, uns also gerade nicht als ein Abgeschlossenes präsent sein. Auf die objektivierende Weise kommen wir nicht an die Tätigkeit als solche. Deshalb kann sie auch nicht mitgeteilt werden, wie etwa das Wissen, was man tun muß, um etwa von diesem zu jenem Ort zu kommen. Man muß tätig wissen. Deshalb fordert Fichte aufzumerken, und zwar auf unsere geistige Tätigkeit. Er kann nicht den Gegenstand geben, weil es sich nicht um einen Gegenstand, sondern um Tun, um Tätigkeit handelt, die jeder selbst in sich hervorbringen muß, wenn er sie denn präsent haben will. Das kann keiner für den anderen tun. Das objektivierende Reflexionsmodell scheitert.

Mit der zitierten Aufforderung sind wir aus dem alltäglichen Bewußtsein herausgerufen. Dieses richtet sich auf die Objekte der Umwelt, die Menschen und die Dinge, auch auf unsere je eigenen objektiven Bestimmungen. Macht man uns auf dieses unser Bewußtsein aufmerksam, so ist uns klar, daß wir dies alles wissen. Dieses Wissen von unserem Wissen der Welt läuft weitgehend unbemerkt neben diesem her. Bewußt wird es etwa, wenn man uns fragt, ob wir etwas wirklich wissen. Auf dieses beiherlaufende Wissen des Wissens macht Fichte aufmerksam.

Deutlicher als in früheren Schriften weist Fichte aber hier darauf hin, daß seine Aufforderung eine philosophische Denkbewegung evoziert, und er reflektiert darauf, wie diese sich vollzieht. Das Wissen des Wissens, so sagten wir, läuft stets dem Wissen von etwas beiher. Es ist also nicht auf dieselbe Weise faßbar, wie das Wissen um das Buch in unserer Hand. Da es beiherläuft, muß von dem, welchem es beiherläuft, abstrahiert werden, wenn man dieses Wissen gesondert als solches wissen will.

Die Abstraktion präpariert also das Wissen vom Wissen heraus. Es ist nicht das Wissen von einem im Wissen konstituierten Objekt, sondern das Wissen der Tätigkeit des Wissens. Dieses Wissen kann nicht das Wissen eines Objektes sein; denn ein Objekt steht dem Wissen gegenüber, ist also nicht die Tätigkeit des Wissens selbst, die doch hier gewußt sein soll. Die Differenz von Subjekt und Objekt gilt also hier nicht. Dieses Wissen weiß sich unmittelbar. Sie, die Sie jetzt diese Zeilen lesen, wissen ohne weitere Vermittlung, daß Sie jetzt lesen und müssen sich nicht noch weiter dessen versichern. Dieses unmittelbare Wissen nennt Fichte »intellektuelle Anschauung«. »Sie ist das unmittelbare Bewusstseyn; daß ich handle, und was ich handle: sie ist das, wodurch ich etwas weiß, weil ich es thue.«[12] Diese intellektuelle Anschauung ist ein Moment des ganzen Bewußtseins. Sie wird in der philosophischen Abstraktion durch Unterscheidung dessen, was im Bewußtsein eins ist, bewußt.

Auf diesen Akt der philosophischen Abstraktion reflektiert Fichte hier eigens, weil er die intellektuelle Anschauung aus dem Bewußtsein herauspräpariert. Diese ist daher einerseits der sich in allem unserem Wissen vollziehende Grundakt, andererseits aber auch der philosophische Gedanke dieses Grundaktes, den Fichte schon früher Ich oder Tathandlung genannt hat. Fichte macht an dieser Stelle nochmals klar, daß dieser Akt die erste Bedingung der Möglichkeit, nicht aber Grund von Bewußtsein ist. »Das Ich wird durch den beschriebenen Act bloß in die Möglichkeit des SelbstBewusstseyns, und mit ihm alles übrigen Bewusstseyns versetzt; aber es entsteht noch kein wirkliches Bewusstseyn. Der angegebene Act ist bloß ein Theil, und ein nur durch den Philosophen abzusondernder nicht aber etwa ursprünglich abgesonderter Theil der ganzen Handlung der Intelligenz, wodurch sie ihr Bewusstseyn zu Stande bringt.«[13]

In der zur gleichen Zeit erschienenen *Sittenlehre* spricht Fichte ebenfalls mit aller Deutlichkeit aus, daß dieses Ich keine Tatsache unseres Bewußtseins, vielmehr eine Bedingung jeglichen Bewußtseins von Tatsachen ist. Die Bedingung von Tatsachen kann nicht selbst eine durch sie bedingte Tatsache sein. Konsequent kann Fichte sagen: Die »absolute Identität des Subjekts, und Objekts

12 GA I 4, 217; SW I 463.
13 GA I 4, 214; SW I 459.

im Ich läßt sich nur schließen, nicht etwa unmittelbar als Thatsache des wirklichen Bewußtseyns nachweisen«.[14] Das Ich beziehungsweise die Tathandlung oder die intellektuelle Anschauung – alle diese Worte benennen dasselbe – ist nie Objekt unseres Wissens; deshalb kann auf sie nur geschlossen werden. Zwar ist es Faktum, daß wir zu jedem Bewußtseinsakt sagen können, er sei uns bewußt, aber der Bewußtseinsakt ist bestimmt durch das, was in ihm bewußt ist, durch seinen Gehalt. Erst wenn man von dieser Bestimmung durch den Gehalt abstrahiert, kommt man zur intellektuellen Anschauung der Philosophie. Dann aber verläßt man durch eine freie philosophische Abstraktion das natürliche Bewußtsein des Alltags. Es bleibt als Resultat dieser Abstraktion die Form dieses Bewusstseins, sein Sich-Wissen, übrig, und diese ist der philosophische Begriff der intellektuellen Anschauung.

Fichte unterscheidet demnach hier zwei Weisen, von der intellektuellen Anschauung zu reden. Zum einen wissen wir unmittelbar um unser Bewußtsein. Unmittelbares Wissen ist Anschauung, hier als Wissen des Wissens intellektuelle. Diese zu jedem Bewußtseinsakt gehörige intellektuelle Anschauung »ist aber auch die einzige in ihrer Art, welche *ursprünglich*, und *wirklich*, ohne Freiheit der philosophischen Abstraction, in jedem Mensch vorkommt. Die intellectuelle Anschauung, welche der Transscendental-Philosoph jedem anmuthet, der ihn verstehen soll, ist die bloße Form jener wirklichen intellectuellen Anschauung; die bloße Anschauung der innern absoluten Spontaneität, mit Abstraction von der

14 GA I 5, 21; SW IV 1.

Bestimmtheit derselben.«[15] Der philosophische Begriff der intellektuellen Anschauung artikuliert, wie Fichte hier ausführt, nur die reine Form unseres stets einen Inhalt fassenden Bewußtseins. Er wäre, wie Fichte weiter ausführt, ohne die wirkliche »nicht möglich; denn es wird ursprünglich nicht abstract, sondern bestimmt gedacht«.[16] Diese Form aber ist Wissen, Tätigkeit, Agilität. Dasjenige Wissen, das sich als Wissen faßt, muß sich dabei vollziehen. Erst durch den Vollzug faßt es sich und stellt sich dabei als Substanz vor.

Fichte macht in der »Zweiten Einleitung« nochmals klar, daß dieser Akt die erste Bedingung der Möglichkeit, nicht aber der Grund von Bewußtsein ist. »Das Ich wird durch den beschriebenen Act bloß in die Möglichkeit des SelbstBewusstseyns, und mit ihm alles übrigen Bewusstseyns versetzt; aber es entsteht noch kein wirkliches Bewusstseyn. Der angegebene Act ist bloß ein Theil, und ein nur durch den Philosophen abzusondernder nicht aber etwa ursprünglich abgesonderter Theil der ganzen Handlung der Intelligenz, wodurch sie ihr Bewusstseyn zu Stande bringt.«[17]

Wenn nun der Philosoph sich dieses Ich zu Bewußtsein bringt, so macht er sich in einem freien Akt den eigenen, von ihm selbst vollzogenen Grundakt jeglichen Bewußtseins, den er immer schon vollzieht, präsent. Der Philosoph »weiß, was er thut, weil *er* – es *thut*«.[18] Dieses Tun ist nur im Vollzug präsent, und zwar unmittelbar anschaulich. Als solches aber wird es begriffen und von

15 GA I 5, 60; SW IV 47.
16 GA I 5, 60; SW IV 47f.
17 GA I 4, 214; SW I 459.
18 GA I 4, 215; SW I 461.

allem anderen Tun beziehungsweise Handeln unterschieden. Dieses Handeln kann nicht in handelndes Subjekt und behandeltes Objekt unterschieden werden, weil beides dasselbe ist. Das ist sein auszeichnender Charakter.

Dieses Handeln ist von allem anderen dadurch unterschieden, daß jenes andere Handeln einen Zweck realisiert. Zweckrealisation setzt ein identisches Bewußtsein, welches das Setzen und das Realisieren des Zwecks verbindet, eben die wirkliche intellektuelle Anschauung. Diese ist ein unleugbares Faktum.

Von dem Faktum dieser Voraussetzung aus erklärt Fichte die Möglichkeit der intellektuellen Anschauung. Von dieser Voraussetzung hängt das ganze Bewußtsein ab. Ein Faktum als Voraussetzung zu denken, reicht nicht aus, wenn denn diese Bedingung die Stabilität des Systems garantieren soll. Dies kann nur gelingen, wenn das Faktum aus sich selbst zu verstehen ist. Man muß also eine Begründung denken, die dieses Faktum als unbedingt erweist. Dann hat die Begründung den Charakter einer Notwendigkeit, die nicht in Frage gestellt werden kann. Der Begründungsgang muß also bis zu einem Unbedingten oder Absoluten gehen. Erst dann ist der »Verdacht der Trüglichkeit, und Täuschung«[19] abzuhalten.

Die Aufgabe ist demnach die »intellectuelle Anschauung [...] ihrer *Möglichkeit* nach zu erklären, und [...] den *Glauben* an ihre Realität, [...] durch etwas noch höheres zu bewähren, und das Interesse selbst, auf welches er sich gründet, in der Vernunft nachzuweisen«.[20] Das Wort »Glaube« mag hier befremden, verbinden sich mit ihm doch verschiedene Bedeutungen wie »meinen« oder

19 GA I 4, 219; SW I 466.
20 GA I 4, 219; SW I 466.

»vertrauen«. Beides kann hier, wo es um die Begründung des Wissens geht, nicht gemeint sein. Jacobi hatte, wie Fichte weiß,[21] mit dem Wort »Glaube« auch unmittelbares Wissen bezeichnet. Dieses ist hier gemeint, kann doch ein Unbedingtes nur unmittelbar gewußt werden; wäre es zu vermitteln, wäre ihm ein Grund vorauszudenken, also die Unbedingtheit genommen.

Fichte will sonach ein Interesse der Vernunft, auf welches sich die intellektuelle Anschauung gründet, nachweisen. Deren einziges Interesse aber ist das an ihrer Autonomie beziehungsweise an Freiheit. Daher erscheint die Vernunft im Sittengesetz, das die Vernunft sich selbst gibt, als gebietend. Wer gebietet, will. Die Vernunft also will, und zwar sich selbst. Sie ist damit im Kern praktische Vernunft. Sie hat die bereits herausgestellte Struktur: bisher hieß es, sie weiß sich, jetzt zeigt sich, sie will sich. Für Individuen erscheint der Vernunftwille als Gebot. Gebote müssen verstanden werden und können erfüllt werden oder auch nicht. Sie muten dem Individuum »ein absolutes, nur in ihm und schlechthin in nichts anderm begründetes Handeln«[22] zu. Daher ist für das Individuum im Bewußtsein des Sittengesetzes »die Anschauung der Selbstthätigkeit und Freiheit begründet«.[23] Durch das Gebot der autonomen Vernunft faßt sich das Individuum als Ich, und zwar weil es handeln soll. »Nur durch dieses Medium des SittenGesetzes erblicke ich *mich*«,[24] und zwar als frei, zu handeln oder auch nicht.

21 Vgl. Fichtes Bezug auf Jacobis Verständnis von Beweisen: GA I 4, 260; SW I 508.
22 GA I 4, 219; SW I 466.
23 GA I 4, 219; SW I 466.
24 GA I 4, 219; SW I 466.

Präzise spricht Fichte vom Erblicken, da ich mich intellektuell anschaue.

Gegenüber der *Grundlage* führt Fichte jetzt seine Überlegung weiter und erweist das Ich als autonome Vernunft. Fichte beansprucht daher, seine Philosophie sei »Product der *praktischen* Notwendigkeit«.[25] Dies gilt nicht nur für die praktische Philosophie, sondern für die ganze. Der verbindende Begriff ist der des Handelns. Zu diesem gehört die geistige Zwecksetzung und die sinnliche Wirksamkeit. Im Handeln wird dem Subjekt die erfahrbare Welt zum Objekt.

Von intellektueller Anschauung kann nur reden, wer sie vollzieht. Zugleich weiß er sie von allem anderen Wissen zu unterscheiden. Unterscheiden aber ist Sache des Begriffs. Der Philosoph schaut also nicht nur an, sondern *»er denkt dieses Handeln«*[26] auch; denn man weiß nur, »was man begreift«.[27] Beides, Anschauen als Gehalt und Denken als Form, sind untrennbar. Gedacht wird stets ein Gehalt, und zwar ein bestimmter. Dieser aber wird angeschaut. Die Rede von intellektueller Anschauung oder Ich ist der Begriff einer Anschauung.

Die intellektuelle Anschauung konstituiert sich durch das Sittengesetz. Das Ich weiß sich als unbedingt gefordert. Diese Forderung spezifiziert sich in den jeweiligen Situationen des Lebens. Denkt man die Forderung an sich, so fordert sie vernunftgemäßes, das ist sittliches Handeln und durch dieses eine vernunftgemäße Gestaltung der Welt. Fichte nennt den Gehalt dieser Forderung eine Idee; sie bezeichnet diejenige Realität, die nicht ist,

25 GA I 4, 219; SW I 467.
26 GA I 4, 245; SW I 491.
27 GA I 4, 245; SW I 491.

aber sein soll, realisierte Sittlichkeit und eine dieser entsprechend gestaltete Welt, man wird wohl sagen dürfen: Kants höchstes Gut.

»Versuch einer neuen Darstellung der Wissenschaftslehre«. Von diesem Aufsatz ist nur ein Kapitel, das in drei Abschnitte eingeteilt ist, erschienen. Es ist überschrieben »Alles Bewusstseyn ist bedingt durch das unmittelbare Bewusstseyn unsrer selbst«.[28] Der Akzent liegt also darauf, daß alles Bewußtsein durch ein unmittelbares bedingt ist. Fichte redet hier seine Leser an und fordert sie zum Denken auf, gerade wie in der »Ersten Einleitung«.

I. Fichte fordert auf, Ich zu denken. Wer dieser Aufforderung folgt, weiß sein Bewußtsein gemäß dieser Aufforderung durch dieses gedachte Ich bestimmt. Zugleich ist klar, daß man auch etwas Anderes hätte denken können, also in Freiheit gedacht hat. Insofern das Denken freie Tätigkeit ist, kann man es auch als freies Handeln verstehen. Wenn nun Ich gedacht wird, so wird ein Singuläres gedacht; denn in allem anderen Denken sind Denken und Gedachtes unterschieden, hier aber gerade nicht. Im Denken des Ich sind Denken und Gedachtes identisch. Da Denken ein Handeln ist, so handelt im Denken des Ich dieses auf sich selbst und erzeugt damit den Begriff seiner selbst.

An dieser Stelle erläutert Fichte seine Methode: Er fordert auf, Bestimmtes zu denken, was dann sein Leser selbst denken muß, wenn er Fichtes Theorie verstehen will, in diesem Fall das Ich. Dieses ist aber nichts anderes als ein Bewußtsein seiner selbst, in Fichtes Sprache: »ein sich selbst Setzen«, dessen sich das Ich bewußt ist, wes-

28 GA I 4, 271; SW I 521.

halb Fichte sagt »*für das Ich*«.[29] Also nicht nur das Sich-selbst-Setzen ist bewußt, sondern auch das Bewußtsein des Sich-selbst-Setzens ist bewußt.

II. Jetzt geht Fichte eine Stufe höher. Wenn das Ich sich denkt, so denkt es als Subjekt sich selbst als Objekt. Nun kann das Ich auf diese Weise fortfahren und sich denken als sich als Objekt denkend und so weiter ins Unendliche. Es kann immer wieder auf das, was es gerade tut, aufmerken; da gibt es kein Ende beziehungsweise nichts, wo man anfangen könnte. Diese Iteration des erneuten Aufmerkens auf das vorangegangene Aufmerken hat ihren Grund darin, daß in diesem Verfahren Subjekt und Objekt unterschieden sind. Wenn dieses Verfahren angewandt wird, so wird aber übersehen, daß im Sich-selbst-Setzen, im Wissen des Wissens, doch das Wissen, welches wir als Subjekt aussprechen, dasselbe ist, was wir als Objekt aussprechen. Wenn es aber dasselbe ist, so fällt die Differenz von Subjekt und Objekt weg. Das Ich ist sich seiner selbst nicht als in sich different, sondern als unmittelbar dasselbe bewußt. Da dies so ist, fällt das Fortfahren ins Unendliche hinweg. Ein unmittelbares Wissen wird Anschauung genannt, hier natürlich keine sinnliche, sondern eine intellektuelle. Fichte erklärt sie als »ein *sich Setzen als* setzend« und fügt hinzu »keineswegs aber etwa ein bloßes *Setzen*«. Fichte betont ausdrücklich, dieser Punkt mache »die Grundlage des ganzen hier vorzutragenden Systems«[30] aus. Da in der intellektuellen Anschauung Subjekt und Objekt dasselbe sind, ist das Ich als Subjekt-Objekt

29 GA I 4, 273; SW I 524.
30 GA I 4, 276; SW I 528.

zu verstehen. »Alles andere Bewusstseyn wird an dieses angeknüpft.«[31]

III. Fichte bemerkt in diesem Abschnitt, was er später erst ausführen will, nämlich im Vorstellen eines Objektes sind wir tätig, agil. Der Geist bewegt sich über absolut Entgegengesetzte, zum Beispiel verschiedene Farben, Orte etc., hinweg. Tätigkeit ist aber Losreißen von Ruhe, eine Neubestimmung des Bewußtseins. Der Ausgang der Überlegung war die Aufforderung: Denke dich selbst! Fichte verlangt nun weiter zu denken, daß dieses Denken ein Handeln ist. Er verlangt damit ein Losreißen von dem ruhigen, bestimmten Begriff des Ich. Tätigkeit und Ruhe hängen zusammen. Das eine ist immer schon ein Übergehen ins Andere. Die Ruhe im Denken eignet dem Festgestellten, Begriffenen. Die erste Aufforderung, sich selbst zu denken, gab somit das Ich als Begriff, die zweite forderte zur Tätigkeit auf. Insofern war mit dem Ich eine Bestimmtheit, ein Begriff verbunden. Der Begriff sagt, was jetzt gefordert ist, die Anschauung des Ich. Darum kann die Anschauung dann auch tätig vollzogen werden. Im Begriff war sie nicht als Tätigkeit, sondern als Ruhe aufgefaßt.

In den Einleitungsschriften, besonders in den hier dargestellten beiden ersten Abschnitten des letzten Aufsatzes, vollzieht Fichte einen neuen Schritt. Hatte er in der *Grundlage* das Ich als Setzen seiner selbst verstanden, so fügt er dem hier hinzu, daß es dieses Sich-Setzen anschaue *als* sich setzend. Interpretierend gesagt: Das Wissen des Wissens weiß, daß es sich tätig weiß. Fichte reflektiert hier den Vollzug der Wissenstätigkeit ausdrücklich.

31 GA I 4, 277; SW I 529.

6. Das System der Sittenlehre nach den Principien der Wissenschaftslehre

Diese Schrift erscheint 1798 und steht in engem Zusammenhang mit der »Zweiten Einleitung«. Die *Sittenlehre* ist Wissenschaftslehre; daher setzt sie, wie diese die Tatsache des Bewußtseins überhaupt voraussetzt, die des besonderen sittlichen Bewußtseins voraus und erklärt sie. Der Ausgangspunkt der Erklärung ist auch hier Fichtes Lehre vom Ich, dessen Grundaktivitäten Erkennen und vor allem Wollen sind. Mit dem Letzten hat es die Sittenlehre zu tun. Fichte charakterisiert Wollen – wie schon in der Rechtsphilosophie – als Setzen von Zwecken. Darin weiß das Subjekt sich als tätig. Sich einen Zweck setzen bedeutet, sich vorzunehmen, etwas in der erkannten materiellen Welt zu verändern. Mit der Zwecksetzung ist somit ein Handeln in der sinnlichen Welt verbunden. Damit bezieht sich Zwecksetzung einerseits auf diese Welt, andererseits ist sie in der Setzung des Zwecks frei. Ein Zweck ist ein Begriff, welcher der Realität vorangeht, und daher zeigt sich hier *»eine absolute Unabhängigkeit, und Selbstständigkeit des bloßen Begriffs«*.[1]

Betrachtet man die Zwecksetzung selbst, so ist sie Objekt dieses Betrachtens und erscheint als Wollen. Weil dieses sich in der sinnlichen Welt realisiert, ist ein Wollen nur mittels eines Leibes möglich, der mit dem Willen verbunden ist.

Da der Ausgangspunkt das Ich ist, ist es die erste Auf-

1 GA I 5, 28; SW IV 10.

gabe der Sittenlehre: »*Sich selbst, bloss als sich selbst, d. i. abgesondert von allem, was nicht wir selbst ist, zu denken.*«[2] Es soll – wohlgemerkt – gedacht und nicht angeschaut werden. Denken aber setzt die Setzung der Differenz, wie sie im zweiten Grundsatz der *Grundlage* abgehandelt ist, voraus. Das mit sich selbst identische Ich, das nicht abgeleitet, sondern nur gefunden werden kann, erscheint daher dem Denken notwendig in sich different als Subjektives und Objektives. Das Objektive ist das Gegenteil des Erkennenden, es ist Sein, das da ist. Das Ich ist Tätigkeit, deren subjektive Seite das Erkennen ist; als objektive bleibt dann nur das Wollen. Dem Denken zeigt sich somit das Ich als wollend. Nun wird aber Tätigkeit gemäß den Kategorien gedacht als Akzidenz einer Substanz. Folglich wird zum Wollen ein wollendes Ich hinzugedacht. Das Ich denkt sich selbst als wollend. Die Differenz von Ich und Wollen negiert das Denken sogleich und setzt Wollen als Tätigkeit des mit sich identischen Ich. Die Tätigkeit geht also auf sich selbst; sie ist reale Selbstbestimmung, ein anderes Wort für Wollen. Wollen aber intendiert eine Änderung in der sinnlichen Welt. Abstrahiert man jedoch von dieser Welt, so zeigt sich Wollen als selbstbegründete und damit unabhängige Tätigkeit oder auch als Absolutheit. Diese Tätigkeit aber wird – wie gesagt – gedacht als Akzidenz einer Substanz. Diese ist dadurch als schlechterdings unbedingt gedacht, zugleich, wenn sie von ihrem Akzidenz unterschieden ist, nicht als wirkliche Tätigkeit, sondern als mögliche, mit Fichtes Worten als Tendenz. Daher kann Fichte als wesentlichen Charakter des als Objekt gedachten Ich

2 GA I 5, 37; SW IV 18.

eine »*Tendenz zur Selbstthätigkeit um der Selbstthätigkeit willen*«[3] ansetzen.

Da das Ich, anders: die Vernunft, mit sich identisch ist, muß es wissen, was es ist. Die Tendenz muß ihm bewußt sein. Die Tendenz ist ursprünglich, sie muß also als solche bewußt sein. Die Tendenz ist dem Ich bewußt, und zwar als mit ihm selbst identisch. Dieses Bewußtsein, das sich von der Tendenz unterscheidet und zugleich mit ihr identifiziert, ist begrifflicher Natur, und damit kommt die Tendenz unter die »*Botmäßigkeit des Begriffs*«.[4] Dadurch aber »erst wird sie eigentliche *Freiheit*«.[5] Die Tendenz, die einem Naturgegenstand eigen ist, beruht auf dem Sein des Dinges, wie es durch die Naturgesetze bestimmt ist. Beispielsweise beruht die Tendenz einer zusammengedrückten Stahlfeder auf der Beschaffenheit des Stahls, wie er nun einmal ist. Eine solche Tendenz bestimmt das Ding notwendig und ist somit nicht frei. Erst eine Tendenz, die nicht von einem Sein und seiner Naturnotwendigkeit abhängt, ist frei. Da außer Sein und Bewußtsein nichts denkbar ist, ist diejenige Tendenz frei, die unter der Botmäßigkeit des Begriffs steht. Durch die bewußte Freiheit und Absolutheit »reis't das Ich sich selbst – von sich selbst – los, und stellt sich hin als selbstständiges«.[6] Das durch die begriffliche Differenz unterschiedene Ich ist aber auch sowohl das sich anschauende als auch das angeschaute. Von der identischen Anschauung her gesehen, sind beide aber auch Eins. »Die Intelligenz [...] als Intelligenz, *wird* – für sich [...] absolute reelle Kraft des

3 GA I 5, 45; SW IV 29.
4 GA I 5, 48; SW IV 32.
5 GA I 5, 48; SW IV 32.
6 GA I 5, 48; SW IV 32.

Begriffs.«[7] Kraft aber ist nur Kraft, wenn sie agiert. Hier jedoch ist vom Agieren nicht die Rede; die Kraft ist hier als ein Vermögen oder eben als eine Tendenz gedacht. Indem das Ich diese »*Tendenz zur absoluten Thätigkeit als sich selbst anschaut, setzt es sich als frei, d. h. als Vermögen einer Kausalität durch den blossen Begriff*«.[8]

Diese Tendenz zur absoluten Tätigkeit ist nur ein Vermögen. Absolute Tätigkeit ist selbstbestimmte Tätigkeit, also solche einer Intelligenz, die eben durch nichts, nicht einmal durch ihr eigenes Wesen bestimmt gedacht werden kann. Nur ein Intelligentes kann frei vom Vermögen zur Aktivität übergehen.

Die Tendenz treibt zur Tätigkeit, kann sie aber nicht hervorbringen; daher nennt Fichte sie einen Trieb. Dieser ist einer des Ich und muß folglich bewußt sein. Denkt man nun in der Subjekt-Objekt-Relation, so muß der Trieb das Bewußtsein bestimmen. Aber eine »Bestimmung der Intelligenz ist ein Gedanke«.[9] Der Trieb äußert sich als ein Gedanke. Dieser Gedanke ist Äußerung eines Triebes, der durch nichts, weder durch ein Sein noch durch einen anderen Gedanken bestimmt ist; er »ist ein erstes, unmittelbares Denken«.[10] Während der Philosoph einsieht, daß der Gedanke der des Triebes ist, erscheint er dem alltäglichen Bewußtsein als unmittelbar; er wird gedacht, »schlechthin weil so gedacht wird«.[11] Dieser Gedanke wird ohne weiteres gedacht, nicht etwa von einem anderen hervorgebracht oder abgeleitet; er wird also

7 GA I 5, 48; SW IV 32 f.
8 GA I 5, 51; SW IV 37.
9 GA I 5, 58; SW IV 41.
10 GA I 5, 59; SW IV 46.
11 GA I 5, 60; SW IV 47.

angeschaut, intellektuell angeschaut. Differenziert man dahingehend, was und wer anschaut, so zeigt sich, was das Ich ist, und zwar aus sich selbst. Was es ist, ist es schlechthin; ein schlechthinniges Sein aber wird gedacht als Gesetz. Wer anschaut, sieht sich gemäß diesem Gesetz als grundlos oder frei. Wer sich dieses Gesetzes bewußt ist, ist in eins damit sich seiner Freiheit bewußt und umgekehrt. Fichte betont, daß hier nur eines gedacht ist: wer sich frei denkt, denkt sich unter diesem Gesetz und umgekehrt. Hier sind nicht zwei Verschiedene gedacht, sondern dasselbe. Gemäß dem zuvor Ausgeführten ist dieser Gedanke der des genannten Triebes. Er drängt zu etwas, das sein soll; »wir sind genöthigt zu denken, daß wir schlechthin durch Begriffe mit Bewußtseyn, und zwar nach dem Begriffe der absoluten Selbstthätigkeit uns bestimmen sollen«.[12]

Fichte formuliert hier den kategorischen Imperativ. In der Formulierung allgemeiner Gesetzlichkeit verlangt er Selbstbestimmung nach dem Gesetz der Vernunft. Gerade in der Fichteschen Formulierung scheint dieser Gedanke unsere Natur und unsere Gefühle mit einer einzigen Bewegung vom Tisch zu wischen. Wenn man Fichtes Gedanken aber umkehrt, sieht man besser, was gemeint ist: Es soll keine Fremdbestimmung sein. Unsere Natur ist, wie sie ist, und sie bestimmt uns nach ihren Gesetzen; aber wir können uns zu ihr verhalten, und zwar weil wir frei und des Gesetzes bewußt sind.

Wenn Fichte auf den Begriff des Bösen zu sprechen kommt, läßt sich eine deutliche Abweichung von Kants Lehre und damit zugleich auch ein Problem konstatie-

12 GA I 5, 61; SW IV 49.

ren. Fichte sieht, daß der Mensch im Verlauf der Zeit zu sich kommt und als empirisches, sinnliches Vernunftwesen eine Geschichte hat. Durch Reflexion reißt er sich von der Natur los. Deren Trieb geht auf das Glück, die Befriedigung seiner natürlichen Triebe. Eigennutz regiert sein Handeln, und er wählt unter den Möglichkeiten der Befriedigung eine aus. Die Wahl ist nicht mehr natürlich, sie ist nur durch Reflexion möglich. Hier zeigt sich zum ersten Mal Vernunft als das Wesen des Menschen.

Die Natur ist durch ihre Gesetze bestimmt; eine diese Gesetze durchbrechende Tätigkeit ist ihr nicht möglich. Insofern bleibt sie, was sie ist. Fichte versteht sie daher wesentlich als Trägheit. Insofern der Mensch ein Naturwesen ist, will er bleiben, wie er ist, nämlich träge. Die Folgen dieser Haltung sind Feigheit und Falschheit. Falls die Reflexion sich über die Wahl unter Möglichkeiten der Befriedigung erhebt, begreift sie die Unabhängigkeit von der Natur, und zwar als Eigenwillen um seiner selbst willen. Auf dieser Bewußtseinsstufe wird also der Eigenwille absolut gesetzt. Erst wenn sich die Reflexion zur Einsicht in das moralische Gesetz erhebt, kommt sie zum Bewußtsein der wahren Freiheit. Dann erst durchschaut sie das moralische Gesetz als ihre eigene Freiheit als Vernunftwesen.

Falls sich die Vernunft nicht zu dieser Einsicht erhebt, mangelt es ihr am Verständnis ihrer selbst. Das Böse ist, so gesehen, Mangel an Einsicht. Wer das moralische Gesetz begreift, ergreift es gemäß Fichtes Überlegungen auch, oder besser: er wird von ihm ergriffen. Daher schreibt er: »Es ist schlechthin unmöglich, und widersprechend, daß jemand bei dem deutlichen Bewußtseyn seiner Pflicht im Augenblicke des Handelns, mit gutem

Bewußtseyn, *sich entschließe, seine Pflicht nicht zu thun*; daß er gegen das Gesetz sich empörend ihm den Gehorsam verweigere, und es sich zur Maxime mache, nicht zu thun, was seine Pflicht ist, darum weil es seine Pflicht ist. Eine solche Maxime wäre teuflisch: aber der Begriff des Teufels widerspricht sich selbst, und hebt sonach sich auf.«[13]

Mit gutem Bewußtsein kann man sich nicht gegen das moralische Gesetz stellen, wohl aber indem man sich gegen es empört. Hier liegt die Differenz zu Kant und auch das Problem. Für Kant ist Bosheit aktive Selbstbestimmung gegen das dem sich bestimmenden Subjekt bekannte moralische Gesetz und damit aktiver Gegenwille und folglich ebenso aktives Gegenhandeln. Böses ist für Kant Erhebung des Eigenwillens über den sich im moralischen Gesetz aussprechenden vernünftigen allgemeinen Willen. Damit hat Kant die alte Privatio-boni-Lehre, also die Lehre, das Böse sei ein Mangel, zurückgewiesen. Für Fichte jedoch ist die Bosheit Mangel, nämlich an Einsicht in die Geltung des moralischen Gesetzes.

Fichte geht davon aus, daß der Mensch von der Einsicht in das Gesetz ergriffen ist, weil er in der Befolgung des Gesetzes seine Freiheit sieht. Von Kant her ist zu fragen, ob es nicht wenigstens gedacht werden muß, daß das Subjekt die es ergreifende Einsicht in Freiheit gelten lassen können muß, wenn es denn als frei gedacht wird. Die Konsequenzen für den Freiheitsbegriff sind nicht unerheblich und zu bedenken.

13 GA I 5, 176; SW IV 191.

7. Der Atheismusstreit

Fichte gibt mit seinem Kollegen Niethammer in seiner Jenaer Zeit das *Philosophische Journal* heraus. Ein weiterer Jenaer Kollege Forberg reicht einen Aufsatz »Entwickelung des Begriffs der Religion« zur Veröffentlichung ein. Weil die Herausgeber mit dem Aufsatz nicht einverstanden sind, wollen sie Anmerkungen hinzufügen; das aber verbietet sich Forberg. Daher verfaßt Fichte selbst einen kleinen Aufsatz »Über den Grund unsers Glaubens an eine göttliche Weltregierung«, der zusammen mit Forbergs Beitrag in einem der Hefte des *Journals* erscheint. Kurz nach dem Erscheinen des Heftes, im Herbst 1798, befindet das Dresdner Oberkonsistorium den Forbergischen Aufsatz als atheistisch und ersucht den Kurfürsten von Sachsen sowohl um die Konfiskation des Heftes als auch darum, bei den Erhalterstaaten der Universität Jena Beschwerde einzulegen und anzudrohen, man werde den eigenen Landeskindern den Besuch dieser Universität verbieten. Im Schreiben der kurfürstlichen Regierung wird dann auch Fichtes Aufsatz des Atheismus beschuldigt.

Fichte erfährt von der Konfiskation etwa Anfang Dezember und verfaßt sofort eine »Appellation an das Publikum«. Er macht sein Recht, als Professor zensurfrei publizieren zu dürfen, geltend. Dann aber dreht er den Spieß um und beschuldigt seine Widersacher heftigst des Atheismus. Hätte er sich rein auf den Rechtsstandpunkt gestellt, wäre er unangreifbar gewesen; daß er sich auf die Sache einläßt, kommt vor allem bei seiner Regierung nicht gut an. Diese kann gar nicht anders, als von den Herausgebern eine Stellungnahme zu verlangen. Sie erscheint auch gedruckt als »Der Herausgeber [...] gerichtliche Verantwortungsschriften gegen die Anklage des Atheismus«. Niethammer übernimmt den juristischen Teil, Fichte den sachlichen. Dabei polemisiert er nicht weniger als in der »Appellation« und macht den Fehler auszusprechen, hinter der Anklage des Atheismus stehe der Verdacht des Demokratismus. Dieser Vorwurf war bislang überhaupt nicht zur Sprache gebracht worden. Fichte wittert den Vorwurf wohl mit Recht. Indem er sich nun dagegen verteidigt, lenkt er ganz unnötig den Verdacht auf sich, dieser Vorwurf treffe keinen Unschuldigen.

Obgleich die Situation für Fichte immer noch nicht ungünstig ist, schreibt er, veranlaßt durch den Kollegen Paulus, einen Privatbrief an den höchsten unter Goethe arbeitenden Beamten Voigt. Fichte droht – vermutlich hat er Angst – und tritt geradezu arrogant auf. Voigt nimmt diesen Privatbrief zu den Akten, ein Vertrauensbruch. Indem der Brief ein Aktenstück wird, kann Fichte entlassen werden. Im Frühjahr 1799 erhält Fichte seine Entlassung, nach drei Monaten wird die Gehaltszahlung eingestellt.

Die biographische Seite soll hier nicht weiter interessieren, sondern Fichtes Darstellung der Gottesproblematik. Daher wird ein erläuternder Aufsatz mit dem Titel »Aus einem Privatschreiben (im Jänner 1800.)«, den Fichte zu Beginn des Jahres 1800 im *Philosophischen Journal* veröffentlicht, mit herangezogen.

Fichte kann in seinem beschuldigten Aufsatz »nur den Grundriß seiner Gedankenfolge«[1] angeben. Zunächst

1 GA I 5, 347 f.; SW V 178.

stellt er klar, daß Philosophie »nur Facta erklären, keinesweges selbst welche hervorbringen«[2] kann; »an der *Religion*«, so schreibt er in dem »Privatschreiben« folgerichtig, »wird durch meine Philosophie nichts verändert«.[3] Sie hat es nur damit zu tun, deren Ort im »nothwendigen Systeme«[4] unseres Denkens aufzuzeigen.

Fichte setzt also den Glauben an die göttliche Weltregierung voraus und will dessen Grund aufweisen. Diese göttliche Weltregierung identifiziert er ohne weiteres mit einer moralischen Weltregierung und weist daher den kosmologischen Gottesbeweis ab. »Von der SinnenWelt aus giebt es [...] keinen möglichen Weg, um zur Annahme einer moralischen WeltOrdnung aufzusteigen.«[5] Daher kann der Gottesglaube nur von der praktischen Vernunft aus begründet werden. Also nicht vom Begriff der Sinnenwelt aus, sondern von dem der übersinnlichen Welt aus ist der Gottesglaube zu begründen. Der hier entscheidende Begriff ist Freiheit. Der Mensch, so Fichte, findet sich »frei von allem Einflusse der SinnenWelt«;[6] mit dieser Behauptung knüpft Fichte an Kant an, der die Freiheit des Individuums darin begründet sieht, daß diesem außer seinen natürlichen, auch soziokulturellen Antrieben noch ein rein in der Vernunft begründeter unbedingter Antrieb, die Pflicht, bewußt ist, wodurch der Mensch in die freie Entscheidung gestellt ist. Zweifel an dieser Freiheit ist nicht möglich; denn zweifeln ist schon ein Akt der freien Distanz des Zweifelnden zu seiner Vor-

2 GA I 5, 348; SW V 178.
3 GA I 6, 377; SW V 385.
4 GA I 6, 377; SW V 385.
5 GA I 5, 351; SW V 181.
6 GA I 5, 351; SW V 181.

stellung und damit zu sich selbst. Wer zweifelt, ist schon frei.

Da Pflicht unbedingt ist, kann sie nicht von anderswoher verstanden und abgeleitet werden, sie ist damit unmittelbar bewußt. Ein solches unmittelbares Wissen nennt Fichte Glaube. Mit diesem Wort greift er einen Begriff des von ihm hochgeschätzten Friedrich Heinrich Jacobi auf. Er wird es nochmals als Überschrift des dritten Buches der *Bestimmung des Menschen* aufgreifen. Es bezeichnet hier ein unmittelbares Bewußtsein, das »schlechterdings nur durch sich selbst«[7] begründet ist. Anders ist ein unmittelbares Bewußtsein nicht denkbar. Daher formuliert Fichte hier, wie später in der *Bestimmung des Menschen* ganz ähnlich: »das Element aller Gewissheit ist Glaube«.[8]

Im Weitergehen schließt Fichte nochmals an Kants Lehre an, wenn er schreibt, »ich kann, denn ich soll«.[9] Fichte hebt hervor, daß das Sollen das Können ermögliche, nicht umgekehrt, daß man also im Ergreifen des sittlichen Zwecks die Ausführung als möglich setze. Der Vernunftzweck, die Pflicht, soll durch unser freies Handeln wirklich werden. Fichte schließt weiter, dieser Vernunftzweck werde »dadurch auch ganz sicher erreicht, zufolge eines höhern Gesetzes«.[10] Dieses ist so zu denken, daß es das Gute letztendlich gelingen läßt.

Diese »moralische Ordnung ist das *Göttliche*, das wir annehmen«[11] beziehungsweise glauben und damit der

7 GA I 5, 351; SW V 182.
8 GA I 5, 351; SW V 182.
9 GA I 5, 352; SW V 183. Vgl. KpV 283.
10 GA I 5, 353; SW V 184.
11 GA I 5, 354; SW V 185.

Grund des Glaubens. Eine solche Formulierung wird – nicht nur heute – leicht mißverstanden, die Ordnung nämlich als *ordo ordinatus*. Das aber ist in Fichtes Augen ein Mißverständnis, er meint *ordo ordinans*, also »*thätiges Ordnen*«,[12] wie er selbst im »Privatschreiben« klarstellt.

Wir folgen diesem. Eine Willensbestimmung ist eine zum Handeln; sie setzt also einen zu realisierenden Zweck. Im Falle sittlicher Willensbestimmung ist dieser Zweck ein solcher, auf den die praktische Vernunft verpflichtet. Er ist praktisch notwendig. Der gesuchte Ort des religiösen Glaubens ist nun nach Fichtes Philosophie »*der nothwendige Zweck des Menschen bei seinem Gehorsam gegen das PflichtGebot*«.[13] Den hier eingeführten Zweckbegriff erörtert Fichte ausführlich, da in ihm ein Problem liegt, nämlich zwei nicht notwendig verbundene Momente. Der freie Wille setzt sich den gebotenen Zweck; dessen Realisierung hängt aber nicht nur vom Willen ab. Fichte erläutert dies am gewiß nicht zufällig gewählten Beispiel des Säens, das ja durch das Evangelium bekannt genug ist. Zweifellos wird der Sämann nur deshalb ernten können, weil er gesät hat. Sein Säen ist aber nicht der zureichende Grund für die Ernte; hinzutreten muß noch das Wachstum, welches von Faktoren abhängt, die gar nicht im Säen mitgegeben sind, etwa der Witterung. Der Sämann, der die Ernte als Zweck will, ist auf Faktoren angewiesen, über die er gar nicht verfügen kann, auf die er gleichwohl rechnet. Fichte resümiert: »So rechnest du also bei deinem Säen [...] auf ein *Doppeltes*; auf Eins, das ganz rein und lediglich dein Product ist, und auf ein Zweites, das ganz und gar unabhängig von dir vorhanden

12 GA I 6, 374; SW V 382.
13 GA I 6, 379; SW V 387.

ist, und wirkt [...], auf eine ewige NaturOrdnung; *und so thust du bei allen deinen sinnlichen Handlungen.*«[14] Nun muß demjenigen, der einen Zweck will, daran gelegen sein, daß dieser Zweck auch realisiert wird, obwohl die Realisierung des Zwecks nicht nur von seinem Willen abhängt. Das sittliche Wollen macht davon keine Ausnahme. Insofern es Willensbestimmung ist, liegt diese ganz und gar bei dem Wollenden, die Realisierung des Zwecks aber nicht. Diese aber, so weiß es der Wollende, ist unbedingt geboten. Sie soll demnach unbedingt gelingen. Dieser Pflicht kann der Wollende nur insofern unbedingt genügen, als er seinen Willen selbst aus sich selbst bestimmt, nicht aber insofern die Realisierung von äußeren Faktoren abhängt. Dann aber muß gedacht werden, daß letztlich eine Realisierung des unbedingt Gebotenen möglich ist. Gelänge dies nicht, käme der Mensch in eine verzweifelte Situation. Er würde sich zu etwas Unerreichbarem verpflichtet sehen. Es wird dir, so redet Fichte seine Leser an, das Vernunftgebot »als vernunftwidrig erscheinen, wenn es dir als zwecklos und folgenlos erscheint, und zugleich wird das Gebot dieses Wollen dir als vernunftwidrig erscheinen«.[15]

Um dieser Konsequenz zu entgehen, ist zu denken, daß an den Willensentschluß sich etwas anschließt, was durch diesen nicht zu bewirken ist, daß »aus ihm, freilich nicht durch unsre Wirksamkeit, *etwas erfolgen*«[16] solle. Zur Willensbestimmung, die nur der Wille selbst vornehmen kann, muß eine von dieser ganz unabhängige Folge hinzugedacht werden, welche »*nicht* meine

14 GA I 6, 380; SW V 389.
15 GA I 6, 384; SW V 393.
16 GA I 6, 382; SW V 391.

Kraft«[17] ist und völlig »außerhalb meiner Kraft, und meines Wesens«[18] liegt. Diese Folge muß, wenn Sittlichkeit Wirkung in der Welt haben soll, gesetzmäßig gedacht werden. Wenn man nun dieses Gesetz »eine *Ordnung* [...], eine moralische, oder intelligible Ordnung nennte, wodurch ein moralischer oder intelligibler *Zusammenhang*, oder *System*, oder *Welt* erwüchse, so setzte dieser doch ohne Zweifel die moralische Ordnung nicht innerhalb der endlichen moralischen Wesen selbst, sondern außerhalb derselben, und nähme sonach ohne Zweifel noch etwas außer diesen Wesen an«.[19]

Das Wort Ordnung, so sagte Fichte, liest er als tätiges Ordnen. Die hier genannte moralische Ordnung ist somit eine Tätigkeit, welche Natur und Freiheit zueinander ordnet. Eine solche ist nicht unter endlichen Wesen denkbar, also nur als göttliche. In der *Bestimmung des Menschen*, auf die Fichte am Ende seines »Privatschreibens« verweist, nennt er das soeben zitierte Gesetz das einer geistigen Welt. Ein solches »Gesetz der übersinnlichen Welt wäre sonach *ein Wille*«.[20] Daher formuliert Fichte: »Jene lebendige und wirkende moralische Ordnung ist selbst Gott«, und er fügt, was man ihm sehr übel nahm, hinzu: Wir »bedürfen keines andern Gottes, und können keinen andern fassen«.[21] Dieser unendliche Wille kann nicht begrenzt gedacht werden. Aus diesem Grund leugnet Fichte die Persönlichkeit Gottes; denn mit dem Begriff der Person ist Begrenzung mitgedacht.

17 GA I 6, 382; SW V 392.
18 GA I 6, 382; SW V 392.
19 GA I 6, 382 f.; SW V 392.
20 GA I 6, 291; SW II 297.
21 GA I 5, 354; SW V 186.

Diese Leugnung der Persönlichkeit Gottes gab den Anlaß, ihn des Atheismus anzuklagen. In eine sachliche Auseinandersetzung trat niemand ein. Das ist um so bedauerlicher, als Fichte ein ernsthaftes Problem anschneidet, das er selbst, wie er bekennt, seinerzeit noch nicht gründlich durchdacht hat.

8. Die Bestimmung des Menschen

Infolge der Entlassung aus seinem Amt an der Universität Jena geht Fichte im Sommer 1799 nach Berlin, zuerst allein, dann zieht im Frühjahr 1800 die ganze Familie um. In Berlin erscheint im selben Jahr *Die Bestimmung des Menschen*. Sie ist unter mehreren Aspekten zu lesen. Zum einen ist sie eine Antwort auf eine Schrift *Jacobi an Fichte*, die Friedrich Heinrich Jacobi 1799 an Fichte gerichtet hatte, wobei er die Person Fichte vom Atheismusvorwurf freisprach, sich aber mit dessen Wissenschaftslehre kritisch auseinandersetzte. Jacobi verstand den Idealismus Kants und erst recht den Fichtes als realitätslos, als die Lehre von einem Wissen, das sich selbst mit sich selbst vermittelt und daher von nichts Wirklichem weiß. Jacobi setzte dem die Überzeugung entgegen, weil Wissen stets vermittelt sei, führe es nicht zu Einsichten. Solche seien nur in einem unmittelbaren Bewußtsein möglich, welches Jacobi Glaube nennt. Fichte ist von Jacobis Lehre nicht weit entfernt; seine Frage aber ist, wie mittelbares und unmittelbares Bewußtsein zusammenhängen.

Die Bestimmung des Menschen ist ferner eine populäre Darstellung der Wissenschaftslehre, die auch den Zweck hat, Fichte vom Atheismusverdacht zu reinigen. Populär und – so wird man sagen dürfen – programmatisch ist schon der Titel. Er verweist auf eine Schrift des Berliner Theologen Johann Joachim Spalding (1714-1804). Dieser hatte 1748 seine *Betrachtung über die Bestimmung des Menschen* erstmals veröffentlicht; sein Werk erlebte mehrere Auflagen und der Titel wurde vielfach wiederverwendet.

Fichte hat sein Werk in drei Bücher, denen eine Vorrede vorangeht, eingeteilt: Zweifel, Wissen, Glaube. Die kurze Vorrede erklärt das Buch als populär, es soll »verständlich seyn für alle Leser, die überhaupt ein Buch zu verstehen vermöchten«.[1] Ferner erklärt sie ausdrücklich, »daß der Ich, welcher im Buche redet, keinesweges der Verfasser ist, sondern daß dieser wünscht, sein Leser möge es werden«.[2] Sie fordert damit, wie Fichte es stets tut, zum Selbstdenken auf.

Erstes Buch. Zweifel. Fichte stellt hier monologisierend ein deterministisches Weltbild, das auch weitgehend unser naives Bild ist, vor. Wir haben vieles gelernt, das wir auf Autorität hin angenommen haben. Jetzt gilt es, selbst zu denken, wie schon Kant mit dem Wort »Sapere aude!« (»Wage zu denken!«) aufgefordert hatte. Wir sind umgeben von einer kausal bestimmten Natur. Der Mensch selbst ist in der Natur und ein Teil von ihr. Nach dem Kausalgesetz ist alles bestimmt. Diese Bestimmungen der Natur verändern sich, wir nehmen die Veränderungen als regelmäßig und gesetzmäßig wahr, weil die Natur eben kausal geordnet ist. Kausalität bezeichnet die Kraft der Ursache; daher ist die Natur Kraft. Auch der Mensch ist als ein Teil der Natur durch Naturkraft bestimmt, und auch unser Bewußtsein ist eine Naturkraft.

Unser unleugbares Freiheitsbewußtsein ist zu erklären als Teil der Naturkraft. Dieses Freiheitsbewußtsein ist die Weise, in der uns die in uns wirkende Naturkraft zu Bewußtsein kommt. In Wirklichkeit sind wir determiniert. Schuld, Verantwortung etc. haben nur rechtliche, keine moralische Bedeutung, wie auch Spinoza in seiner *Ethik*

1 GA I 6, 189; SW II 167.
2 GA I 6, 189; SW II 168.

lehrt. Das Resultat der Reflexion ist dies: »Ich bin eine durch das Universum bestimmte Aeußerung einer durch sich selbst bestimmten Naturkraft.«[3]

Dieses schlüssige Resultat befriedigt nicht. Das reflektierende Ich möchte sich als frei verstehen. Kopf und Herz sind auseinander. Das literarische Ich will frei sein. Was im Determinismus Naturkraft ist, will das Ich selbst sein, weiß aber nicht wie.

Zweites Buch. Wissen. Dieses Buch ist im Gegensatz zum ersten ein Dialog. Um Mitternacht, zur Gespensterstunde, taucht ein Geist auf, mit dem das Ich diskutiert. In seiner schon erwähnten Schrift *Jacobi an Fichte* hatte Jacobi der Wissenschaftslehre vorgeworfen, alles aus dem Ich zu verstehen. Die Seele, das Ich, wisse nun: »Alles außer ihr ist Nichts, und sie selbst nur ein *Gespenst*; ein Gespenst, nicht einmal von Etwas; sondern, *ein Gespenst an sich*: ein reales Nichts; ein Nichts der Realität.«[4] Man darf annehmen, daß Fichte genau gegen diese Ansicht seiner Wissenschaftslehre kein Gespenst, sondern einen Geist auftreten läßt. Vorbild hätten die *Soliloquia* des Augustinus sein können, wo sich das Ich mit der *ratio* unterredet; ob Fichte diesen Text gekannt hat, ist allerdings unbekannt. Jedenfalls unterhält sich das literarische Ich Fichtes mit dem Geist, also der Vernunft. Der Anspruch ist deutlich: Fichtes Ich ist kein Gespenst, sondern die Vernunft selbst.

Als solche läßt er den Geist auch auftreten. Er er-

3 GA I 6, 207; SW II 189.

4 Jacobi an Fichte, in: Friedrich Heinrich Jacobi, *Werke. Gesamtausgabe*, hrsg. v. Klaus Hammacher und Walter Jaeschke, Bd. 2.1, hrsg. v. Walter Jaeschke und Irmgard-Maria Piske, Hamburg 2004, S. 207.

schreckt nicht, macht nichts vor, sondern fordert zum Selbstdenken auf. Er will auch nichts Neues sagen. »Was ich dich lehren kann, das weißt du längst, und du sollst dich jetzt desselben nur erinnern.«[5] Das Wort »erinnern« verweist auf die Platonische Anamnesislehre. Wie wir das Erinnerte aus uns selbst nehmen, so auch hier das Wissen um das Wissen. Das Ich wird mutig, weil es auf sein eigenes Denken hin angesprochen wird. Der Geist »beruft sich auf meinen eignen Verstand. Ich will es darauf wagen.«[6] Das Ich handelt gemäß dem von Kant formulierten Wahlspruch der Aufklärung: »Habe Muth dich deines *eigenen* Verstandes zu bedienen!«[7] Der Geist ist somit als diejenige Vernunft zu verstehen, die in der Reflexion aufgebracht werden muß, wenn man denn etwas einsehen will. Das Ich, so kann man sagen, ist selbst die *ratio*, die Vernunft. Das literarische Ich reflektiert also wie auch im ersten Buch, aber nun entsprechend der Vernunft.

Ebenso wie im ersten Buch lebt das Ich in der Natur – wie denn auch sonst. Die Frage, welche sich nun stellt, ist die: Woher wissen wir, daß die Dinge der Natur vorhanden sind? Die Antwort kann nur sein: Wir nehmen sie wahr, zum Beispiel schwarz auf weiß als Farben von Buchseiten. Diese Farben nehmen wir wie alle Empfindungen unmittelbar wahr; ein Blinder kann beim besten Willen nicht sehen, und auch dann, wenn er Erklärungen des Lichtes, wie sie die Optik kennt, erfährt und versteht, sieht er nicht. Die Lehre der Optik kann man vermitteln, das Sehen nicht. Wir unterscheiden auch unsere

5 GA I 6, 215; SW II 199.

6 Ebd.

7 Kant, *Schriften*, VIII 35.

Empfindungen sowohl ihrer Art (Sehen, Hören etc.) als auch ihrer Besonderheit (rot, grün etc.) nach unmittelbar. Die unmittelbare Wahrnehmung, die Erfahrung, ist überhaupt nicht zu ersetzen. Dem hätte auch der Dogmatiker zustimmen können.

Die nächste Frage hätte er aber kaum noch gestellt: Wie weißt du, daß du wahrnimmst? Jede Wahrnehmung ist eine Bestimmung unseres Bewußtseins. Um diese wissen wir; wir wissen uns als empfindend. Die Empfindung ist demnach stets begleitet von dem Bewußtsein des Empfindens. Wir nehmen unsere eigene Bestimmung, unseren Zustand wahr. Diesen unseren Zustand schreiben wir dem Ding zu, unsere Empfindung des Schwarz und Weiß der Buchseite.

Damit ist die Empfindung in den Raum gesetzt. Was wir wahrnehmen, sind ausschließlich Qualitäten. Diese sind hier und da, vor allem begrenzen sie unsere Wahrnehmung. Der Raum aber ist keine Qualität, sondern der Ort für Qualitäten. Qualitäten sind einfach. Im Raum erscheinen sie aber ausgedehnt, also nicht einfach. Raum ist im Gegensatz zur Empfindung unendliche Ausdehnung. Die Wahrnehmung im Raum verbreitert also die einfache Wahrnehmung.

In der bisherigen Reflexion sind unterschieden die Empfindung, die wir schlechterdings haben, und die Anschauung derselben im Raum. Von dieser Empfindung, die wir im Raum lokalisieren, behaupten wir, sie komme einem Gegenstand zu. Sie tritt ja auf, ob wir sie wollen oder nicht. Wir machen sie nicht. Also bedarf sie eines Grundes, der sie erklärt. Als solchen Grund denken wir einen Gegenstand, ein Ding. Wir denken das Ding, und zwar nach dem Gesetz des Grundes. Die Behauptung des Dinges enthüllt sich bei genauer Betrachtung als eine Übertragung der Empfindungen auf einen Gegenstand, den wir gar nicht wahrnehmen. Das Denken verbindet oder vermittelt. Das Denken, Urteilen verbindet die Wahrnehmungen im Raum mit dem Begriff des Dinges, überträgt somit die Empfindung auf das Ding. Diese Übertragung geschieht spontan ohne jede Reflexion nach dem Gesetz des Grundes. Sie ist uns daher nicht bewußt. Unser alltäglich naives Bewußtsein des Gegenstandes oder Dinges »ist nur ein nicht dafür erkanntes *Bewußtseyn meiner Erzeugung einer Vorstellung vom Gegenstande*«.[8]

Durch die bisherige Reflexion ist das Bewußtsein der Empfindung unterschieden von dem des Gegenstandes. Das erste ist in mir, mein Zustand, das zweite setzt etwas außer mir. Im ersten Bewußtsein bin ich Subjekt und Objekt in Eins, mit dem anderen Wort Ich, im zweiten nur Subjekt für ein fremdes Objekt. Ein Gegenstand ist begrenzt, es muß also wenigstens ein zweiter angenommen werden. Diese Gegenstände sind getrennt, nämlich im Raum. Mehrere Gegenstände werden im Raum angeschaut, verglichen und beurteilt. Ich sehe Grün, da vorne; das Ding ist grün, nämlich der Baum. Wir schreiben dem Ding, der Substanz, grün als Akzidenz zu. Wir urteilen nach Kategorien, zum Beispiel der Kausalität. Also sind unsere Vorstellungen der Dinge unsere eigene Produktion. Die Welt, in der wir leben, ist somit unsere Vorstellungswelt, eine Bilderwelt. Reflektieren wir auf das Ich, das die Bilder hervorbringt, so ist das Ich auch ein Bild, eine Vorstellung. Wir sind somit in einer Bil-

8 GA I 6, 232; SW II 221.

derwelt, die Jacobi eine gespenstische nennt. Das literarische Ich, gemäß der »Vorrede« der jeweils Reflektierende, ist eine Vorstellung, die, wenn wir reflektieren, wer diese Vorstellung hervorgebracht hat, wieder eine Vorstellung ist und so ins Unendliche.

Von hier aus kann man den Fortschritt vom ersten zum zweiten Buch gut übersehen. Im Buch »Zweifel« bleibt der Blick auf den Gegenstand geheftet, hier kehrt er sich auf das Sehen selbst. Jetzt macht der Geist, die Vernunft, bewußt, daß wir uns unser Wissen von unserer Welt selbst machen. Das kann das Ich nicht glauben. So reden wir, wenn wir keine Argumente haben, aber nicht überzeugt sind. Die Reflexion des Vorstellens ist zu Ende, der Geist verläßt das Ich.

Drittes Buch. Glaube. Das Wort Glaube kann mehreres bedeuten. Fichte bezieht sich auf Jacobis Vokabular. Hier meint es nicht religiösen Glauben, auch nicht Meinung, eher Vertrauen. Man beweist sich nicht, daß man ein Buch in der Hand hält, das weiß man unmittelbar; man glaubt es, wie Jacobi sagt.

Offen bleibt am Ende des zweiten Buchs Jacobis Frage nach der Realität des Wissens. Das theoretische Wissen ist durchreflektiert. Dort kann die Realität also nicht gesucht werden. Soweit ist Fichte mit Jacobi einig. Das Ich sucht Realität, das Wirkliche. Es fragt: »Welches ist der Mittelpunkt in meiner Seele, an welchen es sich hängt und anheftet – nur zugleich mit ihr selbst vertilgbar?«[9] Fichte gibt die Resultate seines Denkens nicht auf und fragt hier von der Seele, man darf sagen, von der Vernunft her. Die Realität ist nur im Bewußtsein zu finden.

9 GA I 6, 253; SW II 248 f.

Wenn es außer dem Wissen noch etwas im Bewußtsein gibt, das nicht Wissen ist, dann ist Realität gefunden. Nun ist aber die Bestimmung des Menschen nicht nur *bloßes* Wissen, vielmehr findet er in seiner Vernunft außer theoretischem Wissen auch die Aufforderung, sich selbst zum Handeln zu bestimmen, das ist zu wollen. Das Ich findet in sich einen Treib, einen Antrieb, tätig zu sein, und zwar selbständig. Daher findet jetzt kein Dialog mehr statt, sondern wieder ein Monolog. Das Ich denkt selbständig, das heißt hier im dritten Buch: vernünftig. Im ersten Buch hat es unvernünftig reflektiert, im zweiten hat es sich zur Vernunft gebracht. Jetzt kann es aus sich selbst vernünftig reflektieren.

Wir wissen nicht nur etwas, zum Beispiel das Buch in der Hand, wir wissen auch, daß wir etwas sollen, daß uns etwas antreibt zu handeln. Dieser Antrieb ist nicht, ohne gewußt zu sein; aber er ist eben nicht nur Wissen, sondern Wissen einer realen Tätigkeit der Vernunft, welche nicht darin aufgeht, nur Wissen zu sein, sondern eben auch aktiver Antrieb zu wollen ist. Wollen aber heißt, einen Zweckbegriff entwerfen und gemäß diesem handeln. Ein Zweckbegriff ist nicht wie die Begriffe der theoretischen Vernunft ein Nachbild der Wirklichkeit, sondern ein Vorbild, nach dem diese durch Handeln gestaltet werden soll. Das Ich geht nicht darin auf, theoretisches Wissen zu sein, sondern es ist auch praktisches Bewußtsein und entsprechendes Handeln. Gegenüber dem bloßen Wissen wird dieses praktische Bewußtsein als real verstanden. Handeln aber greift über das Ich hinaus auf etwas zu, das nicht Ich ist und erfährt dadurch dieses als realen Widerstand seines Handelns. Im Antrieb zu handeln, liegt der gesuchte Mittelpunkt in der Vernunft, an den sich alles heftet, weil das Ich hier als selbständig und frei hervortritt.

Realität wird somit nicht im theoretischen Wissen erfaßt, sondern in einem Akt, den Fichte »Glaube«[10] nennt. Hier bedeutet glauben unmittelbares Bewußtsein. Die Aufforderung des sittlichen Bewußtseins ist unmittelbar und unbedingt. Das Ich glaubt dem Sollen, es weiß unmittelbar, was es soll. Daher hängt die Realität am unmittelbaren Wissen des Gewissens. »Aus dem Gewissen allein stammt die Wahrheit.«[11] Zur Wahrheit gehört die Zustimmung des Subjektes, sonst könnten zum Beispiel auch Computer Wahrheit einsehen.

Fichte – so legt es sich nahe – reflektiert in seiner Schrift seinen eigenen Lebensweg vom Determinismus zum Bewußtsein der Freiheit, das ihm bei seiner ersten Kant-Lektüre einleuchtete. Dieses Bewußtsein ist gegründet in der Autonomie der Vernunft, welche allererst individuelle Willkür möglich macht. Die Gesetzgebung der Vernunft ist als autonome nicht zu begründen. Daher kann man ihr nur glauben, anders gesagt: ihrer unmittelbar gewiß sein. Das Vernunftgebot richtet sich an den Willen, der ihm folgt oder nicht. Deshalb kann Fichtes literarisches Ich sagen, es habe seine Denkart angenommen, nicht weil es muß, sondern weil es will. Hier von »Voluntarismus in Glaubenssachen« zu reden, ist fern von korrekter Interpretation; überdeutlich wird dies, wenn man liest: »Wichtig ist dabei nicht so sehr, wie Behauptungen verifiziert oder falsifiziert werden können, sondern ob sie mit dem vereinbar sind, was man

10 GA I 6, 257; SW II 253.
11 GA I 6, 258; SW II 255.

sowieso schon glaubt.«[12] Fichte jedenfalls war es geradezu lebenswichtig, seine Behauptungen, letztendlich die der Freiheit, zu verifizieren. Ob ihm dies gelang, ist im denkenden, gerade von Fichte selbst geforderten Mitvollzug zu prüfen. Ihn als jemanden hinzustellen, der behauptet, was er »sowieso schon glaubt«, heißt, sein Philosophieren zu mißachten.

Fichtes Behauptung – das soll jeder Fehldeutung gegenüber mit Nachdruck herausgestellt werden – ist kurz gefaßt folgende: Weil wir uns im sittlichen Gebot unserer Freiheit gewiß sind und zum Wirken unbedingt aufgefordert sehen, setzen wir die Möglichkeit des Handelns mit allen seinen Bedingungen voraus, also die Realität des Handelns ebenso wie die der uns umgebenden Dinge als Objekte unseres Handelns. Die Wirklichkeit der Dinge erscheint uns im Handeln; dieses ermöglicht die Behauptung der Realität des Nicht-Ich.

Nachdem Fichte am Anfang des dritten Buches die Grundlegung der Wissenschaftslehre im Primat der praktischen Vernunft durchgeführt hat, gibt er im anschließenden Teil des Buchs einen Überblick über die Folgen aus diesem Ansatz, die hier nur kurz erwähnt seien.

Im sittlichen Bewußtsein ist uns der andere Mensch gegeben, besser: aufgegeben. Das hat Fichte schon in seinem *Naturrecht* und seiner *Sittenlehre* durch Aufforderung beziehungsweise Anerkennung begründet.

Der andere Mensch ist nicht nur Geist, sondern auch Teil der Natur. Mit ihm in Kontakt treten können wir nur als solche Wesen, die auch Natur sind. So gesehen ist Natur das Mittel der Kommunikation. Unser Handeln

12 Kühn, *Fichte*, S. 414.

geschieht in der Natur und nur in dieser. Diese ist somit Bedingung der Realisierung des Gesollten, das Mittel der Realisierung. Fichte nennt sie daher Material der Pflicht.

Im Sittengesetz ist ein Zustand der vernünftigen Wesen anvisiert, in dem diese zusammenleben. Menschliches Leben ist vergesellschaftet, es bedarf des Rechts, damit die Regeln guten Zusammenlebens in Geltung kommen und bleiben. Dazu ist eine Rechtsordnung und damit eine staatliche Ordnung notwendig. Auf die Einrichtung einer solchen umfassenden Ordnung läuft die Geschichte hinaus, wie Fichte in den *Grundzügen des gegenwärtigen Zeitalters* darstellen wird.

Im Sittengesetz ist aber mehr gedacht, nicht nur Recht, sondern Moralität. Diese verlangt die Kantischen Postulate: Unsterblichkeit und Gott.

Fichtes Schrift über die Bestimmung des Menschen ist wesentlich eine differenzierende Auseinandersetzung mit Jacobi. Fichte erkennt an, daß das Sittengesetz unmittelbar bewußt ist. Es wird – in Jacobis Sprache – geglaubt. Gegen Jacobi vermittelt aber Fichte von dort aus Natur, Menschheit, Geschichte und Religion. Im Nachweis beziehungsweise der Verifikation des Unmittelbaren, das ist des Geglaubten, und seinem Verhältnis zum Mittelbaren liegt der Unterschied zu Jacobi, der einen solchen für unmöglich hielt.

9. Sonnenklarer Bericht an das größere Publikum über das eigentliche Wesen der neuesten Philosophie. Ein Versuch, die Leser zum Verstehen zu zwingen

Fichtes Werk *Sonnenklarer Bericht an das größere Publikum über das eigentliche Wesen der neuesten Philosophie* erschien im Jahr 1801. Der erste Teil dürfte im Sommer 1800, der zweite in den ersten Monaten des folgenden Jahres in Berlin verfaßt worden sein.[1] Es ist der letzte Versuch Fichtes, durch die Presse mitzuteilen, was die Wissenschaftslehre – hier die neueste Philosophie genannt – ist. Der Autor will, wie der Titel sagt, die Leser zum Verstehen derselben zwingen. Man kann gemäß der Redensart an zwingende Argumente denken, die Fichte hier vorlegen wolle. Dennoch wirkt Fichtes Formulierung reichlich befremdend, da Verstehen doch – auch nach Fichte selbst – ein freier Akt ist und gar nicht anders als frei zu denken ist. Die Zeitgenossen sahen wohl in dieser Formulierung etwas von Fichtes Persönlichkeit durchscheinen. Jedenfalls gab sie Anlaß zu vielerlei Spott. So ersannen Caroline Schlegel und Friedrich Wilhelm Joseph Schelling, dessen Frau Caroline wenig später wurde, ein Motto, von dem Goethe ergötzt war:

> Zweifle an der Sonne Klarheit
> Zweifle an der Sterne Licht,

1 Vgl. GA I 7, 167-169.

Leser, nur an meiner Wahrheit
Und an Deiner Dummheit nicht.[2]

Halten wir uns hier an die Argumente; Fichtes Persönlichkeit stärkt oder schwächt deren Kraft zu zwingen nicht.

In der »Vorrede« erklärt Fichte, er wolle gebildeten Menschen im Allgemeinen erläutern, »*was* die Philosophie sey«,[3] und betont, Philosophie »sey nicht *angebohren*, sondern müsse *gelernt* werden«.[4] Hier scheint ein Widerspruch aufzutauchen. Fichte hatte in der »Ersten Einleitung«, wie wir gesehen haben, geschrieben, Philosophie sei angeboren. Der Widerspruch ist zu vermeiden, wenn man Fichtes Worte aus ihrem Kontext versteht. Im früheren Text geht es darum, daß Philosophie nur möglich ist durch ein zum Wesen des Menschen gehöriges Freiheitsgefühl, hier jedoch darum, daß Philosophie eine Wissenschaft ist wie beispielsweise Algebra auch und daher erlernt werden muß. Zu dem von Fichte angesprochenen Lernen gehört, daß man Worte und Sätze aus ihrem Kontext zu verstehen lernt, wie unser Beispiel zeigt.

Die »Einleitung« erklärt wieder einmal, daß Philosophie Selbstdenken ist, und dieses bedeutet, eine Kette von Argumenten festzuhalten – eine Fähigkeit, die gelernt werden muß. Im übrigen sei Philosophie keinesfalls Folgern aus Erfahrungen. Fichte versteht sie ja als Begründung derselben und damit als einen Schritt aus dieser hinaus.

Es folgen sechs Lehrstunden und eine Nachschrift.

2 GA I 7, 170.
3 GA I 7, 185; SW II 324.
4 GA I 7, 188; SW II 327.

Der ganze Text ist in Dialogform geschrieben; der Autor redet mit dem Leser und will diesen zum Selbstdenken anregen.

Erste Lehrstunde. Fichte will klarmachen, was Philosophie beziehungsweise Wissenschaftslehre ist. Mehrfach schon ist berichtet, daß man in die Philosophie nur durch eine Distanz vom alltäglichen Vorstellen hineinkommt. Damit setzt Fichte ein. Fast wörtlich greift er eine seiner Formulierungen auf: »Werde nur deines Verfahrens [...] dir recht innig bewußt, schaue in dich selbst hinein.«[5] Fichte zeigt zuerst, daß wir auch im Alltag uns von unseren Vorstellungen des Gegenwärtigen absetzen, nämlich in der Erinnerung. Wir sind also nicht in unsere Erfahrungswelt eingesperrt, sondern auch im Alltag in gewisser Weise von ihr frei. Diese Freiheit »ist ausschließende Bedingung, nicht nur des philosophischen, sondern sogar des gemeinen gesunden und richtigen Denkens«.[6] Über diese Freiheit denken wir nicht nach, wir erinnern spontan, unmittelbar. Dabei vergessen wir – wie allenthalben – unser Vorstellen, weil wir auf das Vorgestellte achten. Vorstellen ist verbunden mit unserem Vergessen des Bewußtseinsaktes. Die Vorstellung unseres gegenwärtigen Zustands verbinden wir mit dem Gefühl von Notwendigkeit. Davon können wir uns aber losreißen und sehen, begreifen, was wir tun. Dieses Losreißen ist jedoch nicht notwendig, sondern frei. Das, was wir notwendigerweise so vorstellen, wie es uns erscheint, nennen wir Erfahrung, das Losreißen ist freie Reflexion oder Abstraktion. Fichte zeigt hier, daß die Wissenschaftslehre einesteils sich vom alltäglichen Bewußtsein absetzt, an-

5 GA I 7, 197; SW II 336 f.
6 GA I 7, 201; SW II 341.

derenteils aber seine Möglichkeit genau in dem hat, was wir immer schon vollziehen, etwa wenn wir uns erinnern. Wir haben die Freiheit, unsere Aufmerksamkeit zu lenken.

Zweite Lehrstunde. Unser Wahrnehmen ist in gewisser Weise willkürlich; ob ich zuerst nach rechts oder links schaue, ändert die Welt nicht. Eine Maschine, zum Beispiel eine Uhr, zu verstehen, heißt aber, die Konstruktion zu verstehen, ist also nicht willkürlich. Eine Maschine ist ein System; das beansprucht Fichte auch für die Wissenschaftslehre; sie muß also systematisch begriffen werden. Sie ist »die Demonstration, die Ableitung des ganzen Bewußtseyns [...], seinen ersten, und Grundbestimmungen nach«.[7] Sie stellt erstens diese Grundbestimmungen auf. Sie handelt zweitens vom Bewußtsein beziehungsweise der Vernunft an sich, nicht nur von menschlicher oder gar individueller Vernunft. Die Wissenschaftslehre ist drittens ein System jener Grundbestimmungen. Die Wissenschaftslehre geht viertens von irgendeiner jener Grundbestimmungen aus und versucht die anderen mit dieser zu verknüpfen. Die Philosophie schafft die Grundbestimmungen nicht, sie bildet sie ab. Diese bilden das Apriori für das Aposteriorische, wie zum Beispiel die Geometrie das Apriori für die Architektur und den Hausbau ist. Die Wissenschaftslehre schafft also ein Abbild der Vernunft an sich.

Dritte Lehrstunde. Dieses Abbild verhält sich nicht wie das Bild einer Uhr zu dieser. Die Uhr hat ihr Urbild im Geist des Uhrmachers. Diesen gibt es hier nicht. Also macht die Wissenschaftslehre die Voraussetzung,

7 GA I 7, 208; SW II 349.

Vernunft sei ein System, eine Einheit von Mannigfaltigem. Im Vergleich zur Uhr aber ist das System der Vernunft ein System lebendigen Vollzugs, nämlich unserer geistigen Tätigkeit. Vernunft ist lebendig, sie ist nicht einfach da wie ein Stein. Leben erzeugt sich, also auch Bewußtsein, indem wir es vollziehen. Wenn die Vernunft Gesetze in sich hat, zeigen sie sich im Vollzug. Der Philosoph muß also Bewußtsein vollziehen und sich dabei zusehen, ein Bewußtsein seines Bewußtseins, kurz Selbstbewußtsein gewinnen. Gemeint ist hier mit dem Wort »Selbstbewußtsein« nicht wie sonst im allgemeinen Sprachgebrauch das Bewußtsein eines Individuums von sich, sondern das Bewußtsein des Bewußtseins von sich selbst, das jedem Individuum zukommt. In diesem Selbstbewußtsein aber sind Subjekt und Objekt identisch, wie Fichte schon öfter ausgeführt hat. Er nennt es auch »Ichheit«. Dieses Wissen ist im Unterschied zu jedem anderen von nichts bedingt, also unbedingt. Dieses Unbedingte aber ist vorauszusetzen, weil sonst jeder Ausgang zweifelhaft ist. Das Unbedingte wird – wie schon in der *Grundlage* – gefunden. Die Ichheit ist im Gegensatz zu allem andern Wissen das reine Ich; rein heißt hier, daß im reinen Ich nur das Ich, der sich vollziehende Vernunftvollzug gedacht wird. In diesem wird nichts erkannt als das sich vollziehende Wissen. Das Ich wird gefunden, indem es erzeugt, der Gedanke Ichheit vollzogen wird. In diesem Vollzug ist aber spontan klar, daß er allein so für jedes nur denkbare Bewußtsein vollzogen werden kann. Dieser Vollzug der Ichheit ist für Fichte intellektuelle Anschauung. Diese wurde und wird in der Auseinandersetzung mit Fichte häufig für unsinnig gehalten und erklärt. Fichte verweist jedoch darauf, daß wir zum Beispiel in der Geometrie apriorische Einsichten annehmen. Wir alle messen die Winkelsumme im Dreieck nicht nach; wir kennen sie. Die Apriorität kann nicht in dieser oder jener Figur begründet sein, sondern nur in dem, was die Bedingung der Figuren ist, das Linien- und Winkelziehen. Diese Tätigkeit ist primär geistig und wird als solche angeschaut; sie ist die Voraussetzung jeder Zeichnung. Die Anschauung meines Verfahrens »wäre daher die sich selbst unmittelbar als solche constituirende Auffassung der Handelsweise der Vernunft überhaupt, auf einmal, und mit Einem Blicke«.[8] Fichte versucht hiermit, diejenigen Bestimmungen, auf die sich seine Wissenschaftslehre stützt, im alltäglichen und wissenschaftlichen, hier geometrischen Bewußtsein nachzuweisen. Er will sie nicht in Wolkenkuckucksheim ansiedeln, sondern auf der Erde. Anknüpfend an die Ichheit, die in höchster Allgemeinheit aufgefaßte intellektuelle Anschauung, entfaltet sich die Wissenschaftslehre notwendig, sprich apriorisch, indem sie zu dieser weitere neue Bestimmungen hinzufügt. Diese muß sie hinzufügen, weil sie ja nicht die Ichheit, sondern unser ganzes Bewußtsein, wie wir es haben, in seinen Grundbestimmungen darstellen will.

Vierte Lehrstunde. Die Wissenschaftslehre, so Fichte, wird im Bewußtsein des Philosophen erzeugt und bildet Grundbestimmungen der Vernunft ab. Dazu muß sie sich diese vergegenwärtigen, sie anschauen. Deshalb ist der Vollzug notwendig; nur im Vollzug ist das da, was intellektuell angeschaut werden soll. Ich sitze beispielsweise hier. Ich beziehe mich auf diesen Platz und unter-

8 GA I 7, 229; SW II 374.

scheide ihn von mir. Ich reflektiere auf dieses Wissen; es zeigt sich, daß ich unterscheide und beziehe. Das weiß ich, weil ich es vollzogen habe und mir des Vollziehens reflektierend bewußt bin. Dieses Bewußsein des Vollziehens nennt Fichte Anschauung. Es ist das, was ich in der Reflexion weiß. Diese Reflexion auf das Vollziehen ist frei. Sie muß nicht geschehen, weshalb auch nicht jedermann Philosoph ist oder wird.

Fünfte Lehrstunde. Die Wissenschaftslehre gibt ein Abbild der Vernunft; sie ist nicht das Leben der Vernunft selbst. Sie ist also nur Wissen, kein Handeln. Sie bessert auch den Menschen nicht eo ipso. Sie ist nur Wissen, und zwar von den Grundbestimmungen des Bewußtseins. Sie erzeugt diese nicht; denn sie setzt dieselben in ihrem Zusammenhang als faktisch daseiend voraus. Könnte sie diese Voraussetzung nicht machen, so könnte sie auch nicht reflektieren. Die philosophische Reflexion muß das Bild der Vernunft nach und nach entstehen lassen, nicht aber die Vernunft selbst, deren Nachbild sie ja nur ist. Die Philosophie redet folglich nicht von Dingen, ist aber nicht realitätslos. Denn ein Ding ist nur im Bewußtsein zu wissen, ohne Bewußtsein ist vom Ding nicht zu reden, mag es für sich sein, was es will. Die Grundbestimmungen sind auch nicht alle Bestimmungen; wir hätten sonst kein Aposteriori, keine Erfahrung.

Sechste Lehrstunde. In dieser Stunde plädiert Fichte für die Wissenschaftslehre. Sie kann nur selbständig vollzogen werden, erzieht also mittelbar zur Selbständigkeit beziehungsweise Freiheit, und zwar nicht nur im Denken, sondern auch im Charakter. Sie stellt die Grundbestimmungen aller Wissenschaften, damit auch derer, welche die menschliche Praxis regeln, die technischen sowohl als auch die moralrechtlichen, auf. »Aber auch unmittelbar wirkt die Wissenschaftslehre auf das Leben.«[9] Sie führt, wenn sie denn verstanden wird, zu freiem Leben. »Die gesammte Menschheit bekommt sich selbst in ihre eigne Hand, unter die Botmäßigkeit ihres eignen Begriffs; sie macht von nun an mit absoluter Freiheit alles aus sich selbst, was sie aus sich machen nur wollen kann.«[10] Fichte weist der Wissenschaftslehre die Rolle zu, die Menschheit zu einem freien und vernünftigen Leben zu führen. Dies wird er in seinen noch zu behandelnden drei populären Vorträgen ausführen.

Nachschrift an die Philosophen von Profession, die bisher Gegner der Wissenschaftslehre gewesen. Diese Nachschrift ist heftige Polemik, die man wohl verstehen mag. Sie kann hier übergangen werden, da sie dem Verständnis der Fichteschen Philosophie, das wir uns erarbeiten wollen, nichts Entscheidendes hinzufügt.

Mit dem *Sonnenklaren Bericht* liegt Fichtes letzter Versuch vor, der Öffentlichkeit einen zureichenden Begriff seiner Wissenschaftslehre zu vermitteln. Er wandte sich anderen Aufgaben zu, vor allem der, seine Wissenschaftslehre weiterzuentwickeln. Ausführlich trug er sie nur noch in Vorlesungen vor; darüber hinaus teilte er die Ergebnisse in seinen populären Vorlesungen und durch deren Publikation mit.

9 GA I 7, 256; SW II 408.
10 GA I 7, 257 f.; SW II 409.

10. Die Grundzüge des gegenwärtigen Zeitalters

Zu Anfang des Jahrhunderts lebt Fichte in Berlin zunächst zurückgezogen. Im engeren Kollegenkreis wird er einsam. Der Briefwechsel mit Reinhold und Schelling bricht im Streit ab. Nur zu Jacobi bleibt ein Briefkontakt.

Fichte denkt jetzt, angestoßen durch den Atheismusstreit, seine Wissenschaftslehre nochmals gründlich durch. Nach langem Nachdenken endlich, im Jahr 1804, tritt er an die Öffentlichkeit und trägt in drei öffentlichen Vorlesungsreihen seine vertiefte, damit modifizierte Wissenschaftslehre vor. Dieses Kernstück seiner Philosophie will Fichte nur noch mündlich vortragen, weil er glaubt, auf diese Weise Mißverständnisse sogleich beheben zu können.

Was Fichte lehrt, kann hier nur, muß aber auch angedeutet werden, weil diese Lehre den drei populären Vorträgen zugrunde liegt. Der Atheismusstreit stellte die Frage nach Gott in der Wissenschaftslehre. Bis dato hatte die Wissenschaftslehre, wie früher dargestellt, das Wissen durch diejenigen Bedingungen des Bewußtseins erklärt, die nicht wegzudenken sind. Diese Bedingungen, an der Spitze das Ich beziehungsweise die Tathandlung, erklären das Bewußtsein in seinen grundlegenden Vollzügen, wie es ist. Damit sind sie auf das zu erklärende Bewußtsein bezogen.

Das Ich ist absolut im Bewußtsein laut der Erklärung, mit der das Bewußtsein sich selbst erklärt. Die Erklärung beruht auf dem Bewußtsein, das wir haben, auf einem Faktum also. Wenn wir mit Fichte voraussetzen, daß die

Wissenschaftslehre konsequent und richtig entwickelt wurde, so bleibt doch noch die in ihr bisher gar nicht zu beantwortende Frage, ob sie denn auch wahr sei. Die Wissenschaftslehre ist, wie Fichte schon in der *Begriffsschrift* durchschaut, eine Denkbewegung im Kreis. Daß sie widerspruchsfrei ist, behauptet Fichte; aber auch die Konstruktion eines Feenreiches kann, wie er dort ebenfalls bereits bemerkt, widerspruchsfrei sein. Es drängt sich jetzt die Frage nach der Wahrheit auf.

Diese Frage ist eine des Bewußtseins, sie läßt sich nur für das Bewußtsein beantworten. Wir behaupten zu wissen, was Wahrheit ist, wir beanspruchen sie ja in jedem Urteil, indem wir dieses wahr oder unwahr nennen. Wir wissen ganz naiv, was Wahrheit ist. In dieser Naivität sagen wir, wahres Wissen als solches hänge weder von Subjekt noch von Objekt ab. Ob Sie oder ich wissen, ob wir dieses oder jenes wissen, das Wissen als solches ist dasselbe Wissen; Fichte nennt dieses von Subjekt und Objekt abstrahierte Wissen reines Wissen. Was wir denken, soll wahr sein, soll gelten, damit von jedem Bewußtsein als wahr anerkannt werden. Über Wahres sind wir, jedenfalls wenn wir gutwillig sind, einig; daher denken wir Wahrheit als Einheit. Da Wahrheit weder vom Subjekt noch vom Objekt bedingt ist, ist sie unbedingt oder absolut, letztendlich das Absolute. Ich aber ist Ich *für* das Bewußtsein, letzte Bedingung desselben, also bedingt durch das, dessen Bedingung es ist. Es ist damit nicht das Absolute oder Gott.

Die Frage ist, wie wir vom Absoluten reden können. Wenn das Absolute schlechthin Einheit ist, dann ist in ihm nicht die geringste Differenz denkbar. Gott wird klassisch als *esse in mero actu*, als Sein schlechthin gedacht. Fichte braucht auch das Wort »Sein« und denkt dabei eine Einheit ohne jede Differenz. Handeln aber ist nur in Differenz, als Übergang von Unbestimmtheit zu Bestimmtheit denkbar. Daher ist gemäß Fichte keine Schöpfung und kein extramundaner Schöpfergott denkbar, also auch kein doch offensichtlich entstandenes Bewußtsein. Wenn keine Schöpfung zu denken ist, so ist doch nicht zu leugnen, daß wir zwar nicht das Absolute, aber dennoch da sind. Wir sind da; das Wort »da« bringt eine Beschränkung zum Ausdruck. Wie also sind Absolutes und Nichtabsolutes zu denken? Zunächst ist klar, daß vom Absoluten her keine Beziehung zu denken ist, weil eine Beziehung die beiden Glieder durcheinander bedingt erscheinen läßt. Die Beziehung ist nur vom Wissen her zu fassen. Fichte bestimmt das Absolute als das Sein schlechthin; was nicht das Absolute ist, ist also nicht Sein, aber doch auch nicht nichts. Zum Verständnis verweist Fichte auf die Vorstellung. Im Vorstellen unterscheiden wir unsere Vorstellung vom vorgestellten Ding. Das Ding erscheint im Bewußtsein, ist aber weder das Sein des Vorgestellten noch nichts. Fichte sagt analog: Das Bewußtsein ist Erscheinung des Seins, Da-Sein des Seins. Das Absolute erscheint im Bewußtsein, in diesem die Welt. Das Bewußtsein ist schlechthin dasselbe und spiegelt so die Einheit des Absoluten. Das Absolute ist im Bewußtsein als Eines nachzuweisen; es wäre zu finden, wo keine Differenz mehr ist. Differenz ist dem Begriff eigen. Wo also kein Begriff ist, ist das Absolute zu finden, ergo in der Anschauung. Es zeigt sich als das, was übrigbleibt, wenn jeglicher Begriff seine Geltung verloren hat, »vernichtet« ist, wie Fichte sagt. Da im Absoluten keine Differenz zu denken ist, es aber im

Wissen erscheint, mit diesem also in gewisser Weise eins ist, entfällt auch die Differenz zwischen Immanenz und Transzendenz. Soweit die Andeutung der Richtung der Spätphilosophie.

Fichte will verstanden werden, und zwar von möglichst vielen Menschen. Daher versucht er jetzt mit populären Vorträgen die Leute zu gewinnen.[1] Zuerst liest Fichte von November 1804 bis März 1805 eine Vorlesungsreihe, die im Jahr 1806 unter dem Titel *Die Grundzüge des gegenwärtigen Zeitalters* als Buch erscheint.

Die preußische Regierung sieht sich nun veranlaßt, Fichtes Können zu nutzen, und bietet ihm eine Professorenstelle an der seinerzeit preußischen Universität Erlangen an. Im Sommer 1805 liest Fichte dort. Im Winter ist es ihm erlaubt, in Berlin zu bleiben; dort trägt er seine Religionsphilosophie, die *Anweisung zum seligen Leben*, vor. Im Sommer 1806 hindert der Krieg die Reise nach Erlangen und, als im Oktober 1806 Preußen von Napoleon vernichtend geschlagen wird, flieht Fichte nach Königsberg. Dort liest er Anfang des Jahres 1807 erneut die Wissenschaftslehre.

Auch Königsberg droht von Napoleon eingenommen zu werden, und Fichte flieht weiter nach Kopenhagen. Als dann Friede geschlossen ist, kehrt er nach Berlin zurück. Dort hält er von Dezember 1807 bis März 1808 seine *Reden an die deutsche Nation*, die er unmittelbar danach drucken läßt. Diese schließen an die nun vorzustellenden *Grundzüge* an.

1 Zu den populären Vorlesungen im Allgemeinen wie im Einzelnen siehe Peter Lothar Oesterreich (Hg.), *Johann Gottlieb Fichte. Schriften zur Angewandten Philosophie*, Frankfurt/M. 1997, S. 859-996.

Ein systematischer Denker, wie Fichte einer ist, muß, wenn er über sein Zeitalter redet, dieses in den Zusammenhang der gesamten Geschichte stellen, also eine Geschichtsphilosophie entwerfen. Diese ist eine junge Disziplin der Philosophie. Sie entsteht im 18. Jahrhundert, als man Texte aus uralten Zeiten, zum Beispiel die *Genesis* oder die Geschichte von Ödipus, nicht mehr als geschehenes Faktum begreifen, sie andererseits aber auch nicht als unsinnig beiseite schieben kann. Die Lösung besteht in der Annahme einer Entwicklung des Vernunftgebrauchs, in welcher die Menschheit die Vernunft von ihrem einfachsten Vermögen an zu deren höherem entwickelt. Dieses Modell findet sich schon in Lessings *Erziehung des Menschengeschlechts*. Herder erkennt, daß eine Höherentwicklung nur möglich ist durch Weitergabe von Einsichten und Erfahrungen, das ist durch Sprache. Schließlich zeigt Kant in seiner »Idee zu einer allgemeinen Geschichte in weltbürgerlicher Absicht«, daß solche Tradition einer festen Organisation bedarf, des Staates.

Fichte setzt ähnlich ein wie Kant. Wie dieser eine Idee der Geschichte entwickelt, so jener einen Begriff. Um sinnvoll von Geschichte überhaupt reden zu können, muß man einen Begriff, eine Idee derselben haben, wodurch bestimmt ist, was Geschichte ist und was nicht. Fichte entwickelt diesen Begriff nicht, wie es ihm philosophisch erforderlich wäre, aus der Wissenschaftslehre, sondern erklärt, vertrauend auf das Wahrheitsgefühl seiner Hörer: »*der Zweck des Erdenlebens der Menschheit ist der, daß sie in demselben alle ihre Verhältnisse mit Freiheit nach der Vernunft einrichte.*«[2] Mit dieser These knüpft

2 GA I 8, 198; SW VII 7.

Fichte an das letzte im vorigen Kapitel gegebene Zitat aus dem *Sonnenklaren Bericht* an und unterstellt, seine Hörer würden ohne weiteres dieser Behauptung zustimmen können. Das wird verständlich, wenn man bedenkt, daß Vernunft für Fichte in erster Linie praktische Vernunft ist. Die Einrichtung von Verhältnissen ist allein in einer Rechtsordnung – selbstverständlich nicht in einer nur legalen, sondern in einer gerechten – denkbar. Damit ist Fichte nahe bei Kant, der ja auch das erreichbare Ziel der Menschheit in eine Rechtsordnung in und zwischen den Staaten gesetzt hatte. Mit Fichte und Kant gedacht, wären etwa die Proklamation der Menschenrechte oder die Einrichtung der UNO als Instrument der Friedenssicherung oder wenigstens der Kriegsvermeidung erste Schritte zu einer Einrichtung der Verhältnisse nach der praktischen, genauer rechtlichen Vernunft. Wenn wir von Menschenrechten sprechen und sehen, daß diese angesichts von Unterdrückung und Not weitgehend nicht gewährleistet sind, widerspricht man sich, wenn man deren Realisierung, in Fichtes Sprache: die Einrichtung der Verhältnisse nach Vernunft und Freiheit, nicht anstrebt. Das leuchtet auch ohne philosophische Ableitung ein. Dieses Ziel soll die Menschheit als Ganzes, also durch alle Generationen hindurch, solange Menschen auf Erden leben, in Freiheit verfolgen. Vernünftige Verhältnisse einzurichten ist in der Tat nur durch Freiheit möglich, wenn denn die Vernunft praktisch ist. Die Rede von Freiheit bedeutet vor allem, daß die Menschheit dieses Ziel aus sich selbst erreichen soll.

Wo Menschen sind, da ist Vernunft. Falls jene ihr Leben in Freiheit nach der Vernunft selbst gestalten sollen, kann die Vernunft am Anfang nicht schon vollendet bei sich selbst sein. Dieses wie jedes Ziel wird am Ende eines zeitlichen Prozesses erreicht. Es ist also in der Zeit eine Tätigkeit, in der die Vernunft zu sich selbst kommt, zu denken. Daher sind Epochen der Geschichte, in denen diese ihrem Ziel näher kommt, anzusetzen. Fichte stellt diese nicht starr vor; Individuen und Völker können der Gattung voraus oder hinterher sein. Er kennt also die Ungleichzeitigkeit des Gleichzeitigen. Fichte fragt nach der Struktur dieser Zeit und gliedert sie in eine erste Zeit, in der die Menschheit lebt, »ohne noch mit Freiheit ihre Verhältnisse nach der Vernunft eingerichtet zu haben«, und eine zweite, in der sie diese »Einrichtung mit Freiheit zu Stande bringt«.[3]

Diese erste Zeit gliedert Fichte in vier Epochen. Der Anfang menschlicher Geschichte ist einerseits nicht ohne Vernunft zu denken, andererseits kann diese aber nicht schon entwickelt sein. Sie muß also unbewußt wirken, so wie wir alltäglich gemäß den Kategorien urteilen, ohne über sie nachzudenken. In diesen Fällen wirkt die Vernunft, die Menschen verfügen jedoch nicht frei über sie, weil sie nicht frei über sie reflektieren. Anfänglich also wirkt Vernunft instinktiv. Fichte spricht von Vernunftinstinkt. Er stellt ihn als »ein Bewußtseyn, ohne Einsicht der Gründe«[4] vor. Dieser Vernunftinstinkt charakterisiert die erste Epoche der Geschichte. Da dieser Instinkt unbedingt herrsche, nennt Fichte diese Epoche den »*Stand der Unschuld des Menschengeschlechts*«.[5]

In diesem Zustand ist kein Bleiben. Die Vernunft bedarf eines Anlasses, sich zur freien Reflexion zu erheben.

3 GA I 8, 198 f.; SW VII 8.
4 GA I 8, 199; SW VII 9.
5 GA I 8, 201; SW VII 11.

Dieser ist gegeben, wenn die menschliche Tätigkeit so vielfältig wird, die Arbeit also geteilt wird, daß sie Ordnungssysteme nötig hat. Diese können aber jetzt noch nicht durch freie Reflexion hervorgebracht werden; sie werden also aus der Zeit des Vernunftinstinkts übernommen und durch unreflektierte Macht aufrechterhalten. Der Vernunftinstinkt verwandelt sich so »in eine äußerlich zwingende Autorität«[6] und es entsteht ein »Zeitalter positiver Lehr- und Lebens-Systeme«, die »blinden Glauben, und unbedingten Gehorsam fordern«.[7] Fichte nennt dieses Zeitalter »*Stand der anhebenden Sünde*«.[8] Es läßt sich zwar verstehen, daß auf ein Zeitalter der Unschuld das Gegenteil folgen muß. Dennoch ist die Wortwahl befremdlich; denn diese Entwicklung wird als notwendig verstanden. Schuld und Sünde können so aber gerade nicht begriffen werden, sondern nur als freie Tat. Vermutlich soll hier nicht mehr zum Ausdruck gebracht werden, als daß die Vernunft ihre in der ersten Epoche selbstverständliche Geltung verliert.

Gegen diese faktische, unreflektierte Autorität rebelliert das mit der Vernunft einhergehende Freiheitsgefühl der Individuen. Der zum äußeren Zwang geratene Vernunftinstinkt empört das Freiheitsbewußtsein der Individuen und sie suchen sich von diesem Zwang zu befreien. Damit befreien sie sich indirekt auch vom Vernunftinstinkt, ja der Vernunft selbst. Jeder Anspruch wird in Frage gestellt, das Individuum will einsehen und entscheiden. Es entsteht ein »Zeitalter der absoluten Gleichgültigkeit gegen alle Wahrheit, und der völligen

6 Ebd.
7 Ebd.
8 Ebd.

Ungebundenheit«.[9] Das Individuum läßt, was allgemein gilt und bindet, nicht gelten; es behält sich die Anerkennung vor, hat aber kein Maß für diese Anerkennung, da sein Reflexionsvermögen nicht so weit entwickelt ist, daß es Vernünftiges und Unvernünftiges klar trennen könnte. Daher nennt Fichte diese dritte Epoche den »*Stand der vollendeten Sündhaftigkeit*«.[10]

Die Freisetzung von jeglicher Autorität beruht darauf, daß einerseits Erkenntnis von jedem, der sie haben will, vollzogen werden, andererseits Autorität einsehbar sein muß. Daher nötigt diese Situation, soll sie nicht ins Chaos versinken, zur Reflexion, und zwar, da nichts Verbindendes als die Vernunft ist, zu deren Reflexion. Wahrheit wird somit »als das höchste anerkannt«,[11] und die Philosophie als »Wissenschaft der Vernunft«,[12] welche Fichte ja in der Wissenschaftslehre meint erreicht zu haben, möglich. Vernunft durchschaut sich im Menschen also selbst, und die Geschichte gelangt damit in ihre vierte Epoche, den »*Stand der anhebenden Rechtfertigung*«.[13]

Wenn die Menschen einmal wissen, was wahr und verbindlich ist, so wird die Menschheit, mit »unfehlbarer Hand sich selber zum getroffenen Abdrucke der Vernunft«[14] aufbauen. Dazu bedarf es einer Wissenschaft des Handelns, wie man dieses Ziel erreichen könne. Diese wiederum läßt sich nur durch Vernunft einsehen. Darüber hinaus bedarf es aber noch der Übung, des Erwerbs

9 Ebd.
10 GA I 8, 201; SW VII 12.
11 GA I 8, 201; SW VII 12.
12 GA I 8, 200; SW VII 10.
13 GA I 8, 201; SW VII 12.
14 Ebd.

eines Könnens, einer Kunst, wie Fichte sagt. Dadurch ist die fünfte und letzte Epoche heraufgeführt, »*der Stand der vollendeten Rechtfertigung und Heiligung*«.[15]

Fichte hatte zunächst ja zwei Zeiten unterschieden, diejenige, in der die Menschheit auf dem Weg zum Ziel ist, und diejenige, in der sie dieses erreicht. Diese erste Zeit entspricht den jetzt im einzelnen unterschiedenen ersten vier Epochen, die letzte ist dann gleich der fünften Epoche. Diese Epochenfolge versteht Fichte als apriorisch. »Das Leben der menschlichen Gattung [...] rückt vorwärts nach einem festen Plane, der nothwendig erreicht werden *muß*, und darum sicher erreicht *wird*.«[16] Anders als Kant konstruiert Fichte hier nicht nur einen Begriff der Geschichte, sondern behauptet auch dessen Realisierung a priori. Entsprechend der oben angedeuteten Weiterführung seiner Wissenschaftslehre, schreibt Fichte: »*was da nur wirklich da ist, ist schlechthin nothwendig da, und ist schlechthin nothwendig also da, wie es da ist*«.[17] Was wirklich da ist, versteht Fichte als Erscheinung Gottes. So wie dieser schlechthin notwendig als das Sein zu denken ist, so ist seine wirkliche Erscheinung notwendig. Ein Mißlingen des Weltplanes kann Fichte somit nicht denken. Dies entspricht der Negation des Bösen, wie sie sich bei der *Sittenlehre* schon zeigte und hier als »Wahn von Sünde«[18] wieder auftritt.

Fichte hat den Begriff der Geschichte entworfen, um sein Zeitalter darin einzuordnen. Seines Erachtens ist es das dritte. Diese Einschätzung kann er nicht phi-

15 Ebd.
16 GA I 8, 206; SW VII 17.
17 GA I 8, 296; SW VII 129.
18 GA I 8, 346; SW VII 190.

losophisch beweisen, sie »fällt anheim dem Welt- und Menschen-Kenner«,[19] der zu sein Fichte hier nicht beansprucht; er überläßt das Urteil über seine Einschätzung seinem Leser.

Die dritte, mittlere der fünf Epochen ist eine Übergangsepoche. Sie befreit vom Zwang blinder Autorität und führt zur vierten Epoche der klaren Einsicht. An beidem hat sie somit Anteil. Den Unterschied beider Epochen macht Fichte vor allem an der wissenschaftlichen Entwicklung fest; er sieht die Differenz darin, daß die dritte Epoche ihre Begrifflichkeit im Gegensatz zur vierten nicht in Frage stellt und somit nicht zur echten Reflexion des Wissens kommt. Mit Kantischen Begriffen: Das dritte Zeitalter hält sich für aufgeklärt, ist es aber nicht. Da mit der Autorität der Vernunft die Allgemeinheit in Frage gestellt wird, bleibt nur das Individuum, und zwar als Naturwesen, das als solches auf seine Erfahrungen als Quelle aller Erkenntnis angewiesen ist. Recht und Sittlichkeit gelten nicht um ihrer selbst willen, sondern um des Nutzens des Individuums willen. Die Konsequenz ist, daß das Individuum, das nach den *Grundlagen des Naturrecht* sich nur in der Gattung als solches begreifen kann, sich gar nicht recht begreifen und damit auch nicht recht leben kann.

Ein vernünftiges und sinnvolles Leben ist demnach nur möglich, wo das Individuum sich als Glied der Gattung begreift. Dies geschieht im absoluten Staat, der alle individuellen Kräfte auf das Leben der Gattung richtet, in dem somit jeder durch jeden verbunden ist und gleiches Recht Freiheit für alle garantiert. Ein solcher Staat

19 GA I 8, 207; SW VII 19.

ist als Kulturstaat zu denken, als dessen Gegensatz Fichte die Wildheit benennt. Es ist erforderlich, daß man die Wildheit »in Ordnung und unter Gesetz bringe, und insofern sie kultivire«.[20] Mit Kultur ist somit zuerst Gesetzlichkeit, letztlich gerechte Gesetzlichkeit gemeint. Was wir heute vornehmlich unter Kultur verstehen, schließt Fichte vom Staatszweck aus, nämlich »Religion, Wissenschaft, Tugend«.[21] Der Staat kann etwa Einrichtungen für die Wissenschaft bereitstellen, nicht aber diese selbst vollziehen. Tugend ist guter Wille, den der Staat gerade nicht voraussetzen kann.

Nichtsdestoweniger muß der Staat auf die gute Sitte rechnen. Fichte kennt sie in einer negativen Gestalt, wo das Unrecht letztlich aus Egoismus vermieden wird, und in einer positiven, die darin besteht, »daß man, in jedem Individuum, die menschliche Gattung anerkenne, und ehre«.[22] Es ist zu fragen, ob in dieser Gestalt der guten Sitte nicht doch Tugend vorausgesetzt ist. Die positive gute Sitte ist nach Fichte durch das Christentum gefordert. »Die Hauptbestimmung in unserm aufgestellten Begriffe der guten Sitte ist die, daß schlechthin jedes Individuum, bloß als solches, und dadurch, daß es menschliches Angesicht trägt, ohne Ausnahme eines einzigen, [...] für ein Mitglied der Gattung, und einen Repräsentanten derselben, anerkannt werde; das heißt mit andern Worten, daß die ursprüngliche Gleichheit aller Menschen, die herrschende, und allem Verkehr mit Menschen zu Grunde liegende, Ansicht sey. Nun ist dieselbe Gleichheit aller Menschen das eigentliche Prinzip

20 GA I 8, 322; SW VII 162.
21 GA I 8, 325; SW VII 166.
22 GA I 8, 368; SW VII 218.

des Christenthums.«[23] Das Christentum wird von Fichte gemäß dem kategorischen Imperativ, an dessen Selbstzweckformel man sich hier erinnert, verstanden. Wenn das hier geforderte Bewußtsein so sehr verinnerlicht ist, daß es gar nicht als Gebot präsent werden muß, sondern eo ipso vollzogen wird, ist die positive gute Sitte vollendet. Wenn die Sittlichkeit nicht mehr gefordert werden muß, sondern um ihrer selbst willen geliebt wird, wird sie Religion, nämlich »Liebe des göttlichen Lebens«,[24] womit Fichte schon beim Gedanken der *Anweisung* ist und so die Geschichtsphilosophie an die Religionsphilosophie heranführt. Dies wird auch deutlich, wenn Fichte Religion darin bestehen sieht, »daß man alles Leben als nothwendige Entwicklung des Einen, ursprünglichen, vollkommen guten und seligen Lebens betrachte und anerkenne«.[25] Hier taucht bereits die Formulierung »seeliges Leben« auf, welche im Titel der *Anweisung zum seeligen Leben* wiederkehrt. Ehe diese aber zur Sprache kommt, soll, weil Fichte in den *Reden an die deutsche Nation* ausdrücklich auf die *Grundzüge* Bezug nimmt, von diesen die Rede sein.

23 GA I 8, 369; SW VII 220.
24 GA I 8, 382; SW VII 236.
25 GA I 8, 386 f.; SW VII 240 f.

11. Reden an die deutsche Nation

Fichte hielt die *Reden an die deutsche Nation* vom 13. Dezember 1807 bis zum 20. März 1808; als Buch erschienen sie im Mai 1808. Fichte hatte, wie schon berichtet, nach der vernichtenden Niederlage Preußens gegen Napoleon in der Schlacht bei Jena und Auerstedt am 14. Oktober 1806 Berlin verlassen und war erst nach Friedensschluß im Sommer 1807 dorthin zurückgekehrt. Der Niederlage Preußens war die von Österreich und Rußland bei Austerlitz am 2. Dezember 1805 vorangegangen. Preußen hatte sich hier herausgehalten. In der Folge hatte Kaiser Franz am 6. August 1806 die Krone des Heiligen Römischen Reiches Deutscher Nation niedergelegt, und das Reich war nun in selbständige Einzelstaaten, darunter Preußen, zerfallen. Dadurch hatte die Nation, mit Fichte gesagt, ihr Selbst verloren. »Gerade dieses fundamentale Ereignis bestimmte Fichte [...] zu seinen ›Reden‹«,[1] schreibt Reinhard Lauth. Es sind vierzehn Reden, denen wir folgen.

1. Rede. Vorerinnerung und Uebersicht des Ganzen. Die Reden schließen, wie Fichte gleich anfangs betont, an die *Grundzüge* an; dort hatte er seine eigene Zeit im dritten Zeitalter lokalisiert. Dieses war durch Egoismus und Selbstsucht charakterisiert worden. Da aber in den seither verflossenen drei Jahren das selbstsüchtige, egoistische Verhalten der Deutschen – unausgesprochen auch der Preußen – zum Untergang geführt habe, habe die Selbstsucht, so Fichte, »sich selbst vernichtet, indem sie darüber ihr Selbst, und dessen Selbstständigkeit,

1 GA I 10, XIII.

verloren«[2] habe. Das dritte Zeitalter hat demnach den in seinem Prinzip angelegten Untergang erfahren. Gemäß den *Grundzügen* führt der Gang der Geschichte damit in das vierte Zeitalter, zwar nicht alle Nationen gleichzeitig, aber doch diejenige, welche ihr Selbst verloren und damit das dritte Zeitalter beendet hat, wie Fichte von der deutschen behauptet. Gemäß der entwickelten Systematik ist nun dieser Übergang zu bedenken.

Fichte, der in Berlin redet, nennt, wenn er vom Verlust des Selbst redet, den preußischen Staat nicht. Man darf aber in seinen Worten eine Kritik am Verhalten der deutschen Teilstaaten vermuten – also auch und sogar vornehmlich an Preußen –, die Österreich und Rußland gegen Napoleon nicht unterstützt hatten.

Fichte wendet sich an die Nation, dasjenige, was vom Heiligen Römischen Reich Deutscher Nation übriggeblieben war. Dazu zählen nicht nur die Staaten, die sich später 1870/1871 zum Deutschen Reich zusammenschlossen, sondern auch das dann ausgeschlossene Österreich. Fichte zeigt sich hier nicht als der, zu dem er hernach umgedeutet wurde, als Redner an die Preußen und erst recht nicht an ein von Preußen geprägtes Deutsches Reich. Zudem war Fichte, der ja einst die Urteile des Publikums über die Französische Revolution zu berichtigen gesucht hatte, die Bedeutung des Wortes Nation in dieser Revolution wohlbekannt; hieß es doch nicht mehr *vive le roi*, sondern *vive la nation*; diese und nicht der König war als Souverän anerkannt. Fichte ignoriert die Standesunterschiede und redet daher zu Bürgern, nicht zu Untertanen.

2 GA I 10, 104; SW VII 264.

Daher redet er »für Deutsche schlechtweg, von Deutschen schlechtweg«,[3] welchen Staaten sie auch angehören, und redet sie ohne irgendwelche Unterschiede an. Allerdings wendet er sich zuerst an solche, die ihre Situation zur Kenntnis nehmen und klar sehen wollen, wie er in seinen übrigen Vorträgen auch immer wieder zum Selbstdenken aufruft. Dem entspricht auch die eigentümliche Formulierung des Titelblattes *Reden* [...] *durch* [...] *Fichte*. Dies ist gemäß dem Herausgeber Lauth »von durchgreifender Bedeutung«; ob Fichte damit aber, wie Lauth im Anschluß meint, zum Ausdruck gebracht habe, daß der Redner sich als »Sprecher der Deutschen« ansehe, darf bezweifelt werden.[4] Was nach allem Anspruch der Wissenschaftslehre einzig *durch* einen Menschen reden kann, ist die Vernunft, die dem Menschen als solchem, welcher Nation er auch angehöre, zukommt. Vernunft aber ist für Fichte seit seiner ersten Kantlektüre vor allem die praktische Vernunft, die offensichtlich von den selbstsüchtigen Deutschen nicht anerkannt wurde. Deren Sprecher kann Fichte nicht sein wollen; er wendet sich vielmehr an »den gebildeten Theil der ganzen deutschen Nation«,[5] der als gebildeter mit ihm selbständig reflektieren will. Der übrige Teil muß, wie Fichte von der neunten Vorlesung an ausführt, erst zu selbständigem Denken und entsprechendem Handeln erzogen werden.

Die Nation kann jetzt, da sie Napoleons Herrschaft unterworfen ist, nicht mehr sein, was sie war. Sie muß sich, wie wir heute formulieren würden, neu »erfinden«. Selbstsucht hat sich vernichtet, damit auch die dersel-

3 GA I 10, 105; SW VII 266.

4 GA I 10, XII.

5 GA I 10, 105; SW VII 266.

ben eigenen Bindemittel Furcht und Hoffnung. Diese sprechen einzig die sinnliche Natur des Menschen an; in dieser kann nun das wesentlich egoistische Bindemittel nicht mehr liegen. Die Alternative ist sittliche Billigung. Sittliches Bewußtsein muß die Selbstsucht ablösen. Dieses kann nur gelingen, wenn durch Erziehung charakterfeste sittliche Personen, auf die man sich verlassen kann – in Kants Sprache: Personen, die sich sittliche Maximen zu eigen gemacht haben –, herangebildet werden. Eine solche Erziehung muß jetzt die Nationalerziehung werden. Diese führe »zu einem ganz neuen Leben, das entweder ihr ausschließendes Besitzthum bleibt, oder, falls es auch von ihr aus an andere kommen sollte, ganz und unverringert bleibt bei unendlicher Theilung«.[6] Diese Erziehung ist keine eigentümlich deutsche, sondern eine zur Anerkennung praktischer Vernunft, die letztlich eine der ganzen Menschheit werden soll. Die Situation der Deutschen sieht Fichte so, daß sie, nachdem die Selbstsucht sich ad absurdum geführt hat, die Chance haben, ins vierte Zeitalter als erste fortzuschreiten. Er konnte nicht wissen, daß die Chance nicht ergriffen wurde und sein Volk weit in die Barbarei zurückfiel.

2. Rede. Vom Wesen der neuen Erziehung im Allgemeinen. Erziehung soll festen Willen bilden, der nicht schwankt, ob er nun diesmal das Gute tue oder nicht. Dieser freie Wille soll also keine Willkür sein. In diesem Sinne sagt Fichte von der vorgeschlagenen Erziehung, daß sie »die Freiheit des Willens gänzlich vernichtete«.[7] Ein Wille setzt sich Zwecke; die Zwecksetzung ist der allererste Vollzug von Selbsttätigkeit. Dazu seien die Kinder anzu-

6 GA I 10, 112; SW VII 274.
7 GA I 10, 118; SW VII 281.

regen. Zugleich ist Zwecksetzung Setzung nach Regeln. Diese lernt das Kind zu respektieren und bildet dabei sein Erkenntnisvermögen. Diese Selbsttätigkeit anzuregen ist die erste Stufe der neuen Erziehung. Selbsttätiges Erfassen von Regeln aber ist Vorbereitung auf sittliches Denken. Dieses wird konkret erfahrbar, wenn die Kinder in Gemeinschaft leben und erfahren, daß sittliche Regeln und tätige Mitwirkung sinnvoll sind.

3. Rede. Fortsetzung der Schilderung der neuen Erziehung. Das Ziel der neuen Erziehung ist die feste Liebe zum Guten. Erkenntnis als Selbsttätigkeit hebt über das Gefühl zur Religion empor. Diese sieht die Unvollkommenheit des irdischen Lebens, beharrt dennoch im Guten und ist so »Ergebung in ein höheres uns unbekanntes Gesetz«,[8] welche Mißlingen und Fehlschläge ertragen hilft.

4. Rede. Hauptverschiedenheit zwischen den Deutschen und den übrigen Völkern germanischer Abkunft. Die Bildungsfähigkeit der deutschen Nation sticht für Fichte vor allen anderen europäischen hervor. Sie habe unter allen Germanen ihre Sprache ununterbrochen gesprochen und entwickelt. Die Sprache fängt nämlich als sinnliche Sprache an. Später benennt sie dann Geistiges mit Worten der sinnlichen Sprache, wie beispielsweise die Worte »begreifen«, »einsehen« zeigen. Wenn aber solche Bezeichnungen aus fremden Sprachen übernommen werden, fehlt die Verständnisgrundlage, das sinnliche Bild. In diesem Falle wird die Rede tot. Das Deutsche hat sich nach Fichte rein erhalten.

5. Rede. Folgen aus der aufgestellten Verschiedenheit. Die

8 GA I 10, 134; SW VII 300.

Sprache bildet die Menschen mehr als diese jene. Eine rein gebliebene Sprache ist für die geistige Bildung ungemein vorteilhaft, erst recht für die Philosophie; Fichte denkt wohl besonders an die Wissenschaftslehre. Geistige Bildung, besonders Denken in einer Ursprache, ist selbst geistiges Leben. Deshalb kann sie auch die Bilder der alten Welt in die neue vermitteln.

Zu bedenken ist, daß eine Sprachtheorie auch nach Fichtes eigener Lehre eine Wissenschaft ist, die sich auf Erfahrung, nämlich der Sprache und ihrer Geschichte, stützt und damit a posteriori ist; das aber bedeutet, daß sie unwahr sein kann. Nun entsteht zu Fichtes Lebzeiten gerade die Wissenschaft von der deutschen Sprache, die Germanistik. Fichte weiß daher nicht, daß seine Sprachtheorie falsch ist; denn das Lateinische hat die deutsche Sprache ganz erheblich beeinflußt. Fichtes hier vorgetragene Meinung über die Reinheit der deutschen Sprache ist also nicht wahr. Daß sie tatsächlich falsch ist, konnte er zwar nicht wissen, wohl aber, daß sie möglicherweise falsch sein könnte. Hier argumentiert Fichte unvorsichtiger, als ihm seine Wissenschaftslehre erlaubt.

6. Rede. Darlegung der deutschen Grundzüge in der Geschichte. Die »Welt-That des deutschen Volkes«[9] ist für Fichte die Reformation. In dieser geht es um das Seelenheil, also um Geistiges. Fichte sieht in der Reformation die Befreiung von der äußeren Form der Religion, nämlich dem Glauben auf Autorität hin, weil sie das je persönliche, individuelle Verhältnis zu Gott vor die Autorität der Kirche stellt. Hier also beginnt – und deshalb ist die Reformation eine »Welt-That« – die dritte Epoche

9 GA I 10, 171; SW VII 344.

der Geschichte, wie sie in den *Grundzügen* dargestellt ist. Die Reformation verbreitet sich im Volk, weil sie dessen Ursprache redet. Religion und Weisheit sind nicht in einer Autorität, sondern in der Person selbst zu finden. Daher entwickelt sich die Philosophie in Deutschland; Leibniz und Kant führen sie der Vollendung, die Fichte in seiner Wissenschaftslehre sieht, entgegen.

Es ist zu beachten, daß Fichte in den *Grundzügen* den Begriff der fünf Zeitalter a priori entwickelt, dessen Verortung im zeitlichen Verlauf der Geschichte, wie Fichte sie hier vornimmt, jedoch als empirische Einsicht versteht. Hier redet also nicht die Vernunft durch Fichte, sondern die empirische Person Fichte, die keine apriorische Einsicht zu beanspruchen vermag.

Als freie, so lehrt Fichte weiter, zeigt die deutsche Nation an ihrem Bürgerstand seit Jahrhunderten, daß sie einzig in Europa die republikanische Verfassung, gemeint ist wohl die Demokratie, zu ertragen vermöge. Der Unterton ist nicht zu überhören: Frankreich hat die freie Staatsform alsbald an den Tyrannen Napoleon verloren. Daher steht für Deutschland die konsequente Erziehung zur Freiheit an.

7. Rede. Noch tiefere Erfassung der Ursprünglichkeit, und Deutschheit eines Volkes. Kraft der Ursprache ist es möglich, im Urvolk geistige Tätigkeit, damit die echte Philosophie zu finden, welche das göttliche Leben, das Sein im Dasein, wie es die *Grundzüge* behaupten, begreift. Da das Begreifen dieses Lebens die Voraussetzung seiner Realisierung ist, kann hier der freie Staat errichtet werden. Darin ist eingeschlossen, daß das Volk an Freiheit, damit an Tätigkeit glaubt beziehungsweise davon weiß, damit aber auch an Perfektibilität, das ist an stete Weiterbildung des Daseins Gottes. Dieses Wissen der Freiheit wird verstanden als das Wissen des *einen* Wahren, des Guten, Vernünftigen, aus sich Seienden, also Gottes selbst, das in die Erscheinung tritt und von dieser gelebt wird. Geschieht dies nicht, erscheint nur die leere, nichtige Erscheinung, das *liberum arbitrium*, die Willkür. Zum wahren Leben soll erzogen werden. Das sei Deutschheit, letztendlich Vernünftigkeit, und jeder, der so denke und handle, gehöre, woher er auch sei, dazu, womit Fichte weit über jeden Nationalismus hinausgeht: »was an Geistigkeit, und Freiheit dieser Geistigkeit glaubt, und die ewige Fortbildung dieser Geistigkeit durch Freiheit will, das, wo es auch geboren sey, und in welcher Sprache es rede, ist unsers Geschlechts, es gehört uns an, und es wird sich zu uns thun. Was an Stillstand, Rükgang, und Zirkeltanz glaubt, oder gar eine tote Natur an das Ruder der Weltregierung sezt, dieses, wo auch es geboren sey, und welche Sprache es rede, ist undeutsch, und fremd für uns, und es ist zu wünschen, daß es je eher je lieber sich gänzlich von uns abtrenne.«[10] Es ist nötig, nachdem Fichte bis heute immer wieder Nationalismus unterstellt wird, einen solch eindeutigen Text in voller Länge zu zitieren; man sieht, wie man die Behauptung des Autors verdreht, wenn geistige Freiheit durch biologische Abstammung ersetzt wird.

8. Rede. Was ein Volk sei, in der höhern Bedeutung des Worts, und was Vaterlandsliebe. Nachdem die Deutschheit, wie gerade zitiert, durch das Streben nach Freiheit und Geistigkeit bestimmt ist, fragt sich, wie der Mensch das Ziel dieses Strebens erreichen könne. Das Individu-

10 GA I 10, 195 f.; SW VII 375.

um ist damit überfordert; denn sittliches Handeln will auf Dauer gestellt sein. Die dieses Handeln antreibende Liebe will Ewigkeit. Das ist für Sterbliche nicht als Individuen, sondern nur im Volk möglich. Dieses nämlich lebt als Ganzes fort. Somit ist der Glaube an die Fortdauer sittlichen Wirkens auf Erden auf die Hoffnung der ewigen Fortdauer des Volkes gegründet. Diesem muß somit eine irdische Ewigkeit zugesprochen werden. Die dabei die Menschen treibende Liebe, nämlich zu Freiheit und Geistigkeit, geht über den Staat, der nur für bürgerliche Ruhe und Ordnung zuständig ist, hinaus. Er ist nur Mittel »für den höhern Zweck der [...] Ausbildung des rein menschlichen«.[11] Gemäß Fichtes irriger Meinung ist die deutsche Sprache eine Ursprache und somit das deutsche Volk ein Urvolk, das der Freiheit, durch die es sich zu höherem Leben entwickelt, bedarf. Als Bewahrer der Freiheit und als Kulturträger ist das Volk mehr als der Staat. Das staatliche Recht läßt sich nur rechtfertigen, wenn es sich als Recht der Freiheit, nämlich zu freiem und sittlichem Leben versteht. Da das sittliche Leben über das Individuum hinausgeht, wird mit der Sittlichkeit das Volk, in dem die Sittlichkeit über das Individuum hinaus weiterlebt, geliebt. Das wahre Sein von Volk und damit auch von Staat ist geistiges, sittliches Leben. Dazu aber muß erzogen werden.

9. Rede. An welchen in der Wirklichkeit vorhandenen Punkt die neue Nationalerziehung der Deutschen anzuknüpfen sey. Fichte hatte die *Reden* mit der Feststellung begonnen, daß die deutsche Nation ihr Selbst verloren habe. Jetzt zeigt sich Erziehung als das einzige Mittel,

11 GA I 10, 209; SW VII 392.

»das die deutsche Selbstständigkeit zu retten«[12] vermag. Fichte knüpft an Pestalozzi an, weil dessen Erziehungsmethode die freie Geistestätigkeit der Kinder anrege und Begriffe nicht abstrakt, sondern in Verbindung mit Empfindung und Anschauung lehre. Die dafür nötige Zeit ist einzuräumen. Dann darf »der armseelige Wunsch, daß die Erziehung doch ja recht bald vollendet seyn, und das Kind wieder hinter die Arbeit gestellt werden möge, gar nicht mehr zu Odem kommen«.[13] Weil der Druck, den Lebensunterhalt zu sichern, in der Familie den Erziehungszweck störe oder gar verhindere, tritt Fichte für die Heimerziehung ein.

10. Rede. Zur nähern Bestimmung der deutschen National-Erziehung. Erkenntnis kann nicht angeregt werden ohne Liebe zu dem, was erkannt werden soll. Dies ist für den Menschen zuerst der andere Mensch. Daher eignet ihm nicht nur der Trieb zur Selbsterhaltung, sondern ebensosehr der zur Achtung. Menschen suchen ja von Kindsbeinen an geachtet zu werden und sich mit anderen durch gegenseitige Achtung zu verbinden. Achtung kommt einem selbständigen Individuum zu. Dieses ist mündig. Daher fruchtet keine Erziehung durch Hoffnung und Furcht, vulgo durch Zuckerbrot und Peitsche, sondern nur eine solche, die zum Wohlgefallen am Rechten und Guten um seiner selbst willen führt. Erzogen werden soll mit und durch Arbeit, damit sich selbständige Personen entwickeln, die anderen nicht zur Last fallen, sondern auf eigenen Füßen stehen. Die Erziehung soll durch Arbeit in der Gemeinschaft für die Gemeinschaft stattfinden und so dem Egoismus den Boden entziehen.

12 GA I 10, 214; SW VII 398.
13 GA I 10, 221; SW VII 405.

Aus Nationalerziehung geht die der Gelehrten hervor. Diese brauchen zu ihrem Beruf geistige Selbständigkeit und Ruhe zum Nachdenken. Sie sind dazu bestimmt, »das Menschengeschlecht [...] weiter zu bringen«.[14] Von der Nation ist hier wohlgemerkt nicht die Rede.

11. Rede. Wem die Ausführung dieses Erziehungs-Planes anheimfallen werde. Bisher fiel die Erziehung weitgehend den Eltern und der Kirche anheim; jetzt soll der Staat diese Aufgabe übernehmen. Falls er aber diese Aufgabe nicht übernimmt, so sollen sich Privatleute dieser annehmen.

12. Rede. Ueber das Mittel, uns bis zur Erreichung unsers Hauptzweks aufrecht zu erhalten. Wenn dem Gesagten entsprechend eine Erziehung zu Freiheit und Sittlichkeit eingeführt würde, dauerte es noch Jahre, bis diese fruchtete. Zudem müssen auch die geeigneten Erzieher zur Stelle sein. Die Erwachsenen müssen sich also selbst erziehen und aus sittlichen Grundsätzen leben. Es folgt ein vielzitierter Satz: Wir »müssen [...] uns Charakter anschaffen; denn Charakter haben, und deutsch seyn, ist ohne Zweifel gleichbedeutend«.[15] Diesen Satz versteht man nur richtig, wenn man »deutsch seyn« nicht mit der Abstammung, sondern mit der geforderten Sittlichkeit gleichsetzt. Fichte erläutert daher, man müsse selbst nachdenken über die großen Ereignisse der Zeit, dies also nicht den Regierungen überlassen. Dem dienen auch diese *Reden*. Es geht um »die höchste, reinste [...] Sittlichkeit«, die »von da aus über alle andere Völker verbreitet werde«; kurz: um eine »Umschaffung des Menschengeschlechts [...] aus irdischen und sinnlichen

14 GA I 10, 238; SW VII 426f.
15 GA I 10, 254f.; SW VII 446.

Geschöpfen, zu reinen und edlen Geistern«.[16] Der deutschen Nation hat Fichte hier eine Rolle zugetraut, der sie offensichtlich nicht gerecht geworden ist. Diese Rolle aber hat er – und darauf muß geachtet werden – nicht auf biologische Abstammung gegründet, sondern auf sittliche Erziehung.

Inhaltsanzeige der 13. Rede: Fortsetzung der angefangenen Betrachtung. Das Manuskript dieser Rede ging verloren, daher gibt Fichte hier nur eine Inhaltsanzeige der vorgetragenen Rede. Der Staat, so lehrte es die zwölfte Rede, soll die Erziehung übernehmen. Dessen Einheit ist zuerst in der Sprache begründet; dieselbe Sprache verbindet von Natur aus. Erst aus der Sprache ergeben sich die geographischen Grenzen. Die Lage Deutschlands mitten in Europa verhindere seine unmittelbare Teilnahme an der Kolonisation, »am Raube der andern Welten«.[17] Als diese in den Blick kamen, »war eine gemeinschaftliche Beute aufgestellt, nach der jeder auf die gleiche Weise begehrte, [...] erst nun war ein Grund vorhanden zu geheimer Feindschaft und Kriegslust Aller gegen Alle. Auch wurde es nun erst zum Gewinne für Völker, Völker auch anderer Abkunft und Sprachen durch Eroberung oder [...] durch Bündnisse, sich einzuverleiben, und ihre Kräfte sich zuzueignen.«[18] Eindeutiger kann Fichte die Eroberung und Ausnutzung anderer Völker nicht verurteilen. Mit der Kolonisation hängt die Freiheit der Meere, damit Welthandel, der die Sklaverei begünstigt, zusammen. Die sich abzeichnende Universalmonarchie unterjocht je Eigenes und zerstört die Vielfalt.

16 GA I 10, 264; SW VII 456f.
17 GA I 10, 268; SW VII 461.
18 GA I 10, 268; SW VII 461.

Obgleich Fichte hier den Raub der Welten und die Eroberungen verurteilt, schreibt Manfred Kühn: »Fichte rechtfertigt [...] Eroberungskriege und die Unterjochung anderer Völker. Assimilation des ›Fremden‹ dagegen sei scharf zu verurteilen.«[19] Anschließend zitiert Kühn den unmittelbar an das zuletzt gegebene Fichte-Zitat anschließenden Text. Fichte verweist dort darauf, daß Völker ihren Wohnraum durch Eroberung verbreitern oder verbessern wollen, daß sie Raubzüge unternehmen und Menschen versklaven können, er hält es aber für unmöglich, daß ein fremdes Volk Bestandteil des erobernden Staates werde. Der Fall stehe aber anders, wenn dem Nebenbuhler eine Beute – aus dem Zusammenhang heraus: eine Kolonie – abgekämpft werden solle. In diesem Fall seien die Überwundenen als Streitkräfte brauchbar. Im unmittelbaren Anschluß an sein Zitat behauptet Kühn: »Man kann sich des Eindrucks nicht erwehren, daß Ideen wie diese der späteren nationalsozialistischen Konzeption von ›Lebensraum‹ Pate gestanden haben – mehr noch: es klingt tatsächlich wie ein Vorbote des ›Generalplans Ost‹.«[20] Im ganzen Text Fichtes ist jedoch kein Wort von Rechtfertigung der Eroberungen, für die er historische Beispiele hätte anfügen können, zu lesen. Vielmehr versucht Fichte zu zeigen, was aus dem Raub der Welten für Europa folgt, nämlich die Vorstellung vom Gleichgewicht der Macht, welche seiner Meinung nach wirkungslos geblieben ist. Fichtes Text ist hier gänzlich mißdeutet.

14. Rede. Beschluß des Ganzen. Diese letzte Rede appelliert eindringlich an die Hörer; Jean Paul nennt sie

19 Kühn, *Fichte*, 509.
20 Ebd.

»demosthenisch«.[21] Es gibt überall Menschen, die den Glauben an ein Reich des Rechts, der Vernunft und der Wahrheit für das Menschengeschlecht hochhalten. Allerdings spricht Fichte den Deutschen zu, daß sie es sind, »in denen der Keim der menschlichen Vervollkommnung am entschiedensten liegt, und denen der Vorschritt in der Entwiklung derselben aufgetragen ist«.[22] Genau hier liegt das Problematische der *Reden*. Nicht, daß es bei Fichte um ein Reich des Rechts, der Vernunft geht, ist problematisch, vielmehr – wir erleben es – ist dies höchst notwendig, wenn wir ein menschliches Leben wollen. Aber die Vorreiterrolle der deutschen Nation ist auf eine aposteriorische Sprachtheorie gebaut, die Fichte seiner Wissenschaftslehre zufolge für widerlegbar halten mußte. Hierauf eine Vorreiterrolle zu gründen ist schlechterdings haltlos, gerade nach Grundsätzen der Wissenschaftslehre. Die Sprachtheorie beruht darüber hinaus auf Unkenntnis und ist falsch. Sodann ist die Zuordnung historischer Ereignisse und Personen zum Weltplan empirisch, und zwar nach Einsichten der *Grundzüge* selbst. Hier ist Fichte, nicht jedoch der Wissenschaftslehre, mit Recht der Vorwurf zu machen, daß er der deutschen Nation eine falsche, nämlich eine Vorreiterrolle zuweist; diese wurde nie übernommen; die Rede von ihr konnte verhängnisvoll ausgenutzt werden und wurde es, wenn auch gegen Fichtes wahre Intention; denn die Vorreiterrolle sollte nach Fichtes Konzeption im Dienste der Menschheit stehen und zu freien, vernünftigen Verhältnissen führen.

21 GA I 10, 59.
22 GA I 10, 298; SW VII 498.

12. Die Anweisung zum seeligen Leben, oder auch die Religionslehre

Die Anweisung zum seeligen Leben, oder auch die Religionslehre hielt Fichte als Vorlesung in Berlin vom Januar bis März 1806; erschienen ist die Schrift dann Ende April desselben Jahres. Sie besteht aus elf Vorlesungen. Fichte bezeichnet sie als »Gipfel, und hellsten Lichtpunkt«[1] seiner populären Darlegungen. In der Tat legt er hier, vor allem in den Vorlesungen drei bis fünf, den Kern seiner späten Lehre dar, soweit diese eine populäre Darstellung zuläßt. Auf diese konzentriert sich die vorliegende Einführung.

Zunächst bestimmt Fichte seliges Leben als wahres Leben. Dieses aber muß in Wahrheit erkannt sein, hier hilft keine Meinung. Sodann entwickelt Fichte Gedanken, die wir im Zusammenhang mit der modifizierten Wissenschaftslehre von 1804 schon angedeutet haben. Er unterscheidet terminologisch, wie dort angeführt, Sein und Dasein, wobei er letzteres als Wissen beziehungsweise Erscheinung begreift. Das Sein ist unbedingte Einheit, das Dasein Differenz und Bedingtes. Der Unterschied läßt sich von der Vorstellung aus erläutern. Wir stellen die Wand vor und sagen, »Die Wand ist«. In dieser Aussage ist das »ist« zweideutig. Das »ist«, das wir aussprechen, ist nicht das Sein der Wand selbst, sondern das »ist« in unserer Vorstellung. Letzteres aber ist ein Bild des Seins selbst. Die Wand ist in der Vorstellung da, aber sie ist nicht in ihr, sondern sie *ist* in sich. Die Wand ist

1 GA I 9, 47; SW V 399.

zweimal, einmal an sich, zum anderen im Wissen. Das ist kein Widerspruch, weil sie in sich wirklich ist, im Wissen als Bild ist. Die Doppelheit des »ist« – Sein in sich, Dasein als Bild – ist nur, weil ein Bild ist. Im Bild, der Vorstellung, haben wir also eine Verdoppelung des Seins, die zugleich keine Verdoppelung ist, eben ein Bild, oder – in Fichtescher Terminologie – Sein und Dasein. Anders gesagt: Das Sein ist im Bild *als* Sein da, und ebendieses »als« charakterisiert das Dasein. Wir verstehen jedes Wissen als Dasein des Seins, die Wand *als* vorgestellte Wand. Das Wissen unterscheidet sich in diesem »als« vom Sein.

Nach diesem Muster erläutert Fichte das Verhältnis von Sein und Dasein, welche er radikal entgegengesetzt hat. »Unmittelbar, und in der Wurzel, ist – Daseyn des Seyns das – Bewußtseyn, oder die Vorstellung des Seyns.«[2] Im Sein ist reine Einheit, also keine Differenz zu denken. Da für Relationen die Differenz konstitutiv ist, ist auch diese für das Sein nicht zu denken. Es ist damit das Absolute, das von jeder Relation Gelöste. Dieses Unbedingte nennt die Alltagssprache Gott. Es ist »ein Seyn von sich selbst, aus sich selbst, durch sich selbst«,[3] wobei die hier verwendeten Reflexionsvokabeln »von, aus, durch« zwar die einzige Möglichkeit darstellen, sich auszudrücken, aber als Reflexionsvokabeln verstellen, was eigentlich zu denken ist. Hier zeigt sich Fichte die Grenze der Sprachmöglichkeiten; daher fordert er seine Hörer immer wieder auf, selbst die Gedanken, die er ihnen zumutet, zu vollziehen. Diese Aufforderung gilt auch für uns heute unvermindert.

Die Differenz liegt im Wissen, beziehungsweise Da-

2 GA I 9, 86; SW V 440.
3 GA I 9, 85; SW V 439.

sein, oder im Als. Weil das Sein reine Einheit ist, kann in ihm weder differentes Wissen, noch Entscheidung gedacht werden, damit aber auch kein Entschluß zur Schöpfung. Das Dasein ist faktisch, weil eine Ableitung aus dem Absoluten unmöglich ist; denn die Frage nach einem Grund des Daseins setzt die Differenz von Grund und Folge und ist damit nur vom Dasein aus zu stellen, nicht vom Sein aus. Vom Sein aus ist nur zu sagen, daß es das Dasein faktisch bei sich hat. Mit diesem Gedanken hält Fichte seine frühe Einsicht vom Ich aufrecht. Aus dem Sein ist es nicht abzuleiten, es ist faktisch als selbständiges da.

Außer Sein und Dasein ist nichts zu denken. Folglich ist im Dasein oder Wissen das Sein da; neben diesem gibt es nichts, was dasein könnte. Wenn aber Dasein ist, kann nur gedacht werden, daß es zum Sein selbst gehört. Die Differenz fällt ins Wissen oder Dasein und ist konstituiert im Als. Dieses Als kann nur eingesehen werden, wenn das Wissen sich als dieses Als erfaßt, sich also zu sich selbst verhält. Dasein oder Wissen ist damit notwendig Wissen seiner selbst, Selbstbewußtsein. »Und so leuchtet es denn [...] ein, daß das – Daseyn des Seyns – nothwendig ein – Selbstbewußtseyn seiner (des Daseyns) selbst [...] seyn – müsse.«[4] Dieses ist die Bedingung der Möglichkeit des Wissens vom Sein. Vom Absoluten ist das Als wie jede Differenz ausgeschlossen.

Das Selbstbewußtsein, das sich selbst erfaßt, ist reflexiv und damit vermittelt. Es hat ein Bild seiner selbst. Ein Bild ist hier wie auch sonst ein Objekt, nicht der lebendige unmittelbare Akt des Wissens selbst. Die Handlung,

4 GA I 9, 88; SW V 442.

der Akt des Wissens, ist im Hintergrund zwar tätig, aber nicht bewußt. Das Objekt nennt Fichte daher tot, den Akt des Wissens dagegen lebendig. Die sich vollziehende Tätigkeit begreift Fichte als Leben. Im fixierten Gegenstand ist das Leben erloschen. Das gilt selbstverständlich auch, wenn Leben als Objekt gedacht wird. Dann ist das Leben als Gewußtes tot.

Wenn das so ist, kann das Sein nicht als totes Objekt gedacht werden, es ist reine Aktualität, Tätigkeit oder auch Leben, und zwar unmittelbares, einiges Leben. Das Dasein dagegen ist different; zuallererst unterscheidet es sich in Subjekt und Objekt. Was also in Erscheinung tritt, ist stets Objekt und damit tot. Die Totalität der Objekte ist die Welt. Deren Gestalt ist das ruhende, objektive oder auch tote Sein in seiner Differenziertheit. Der Begriff ist der »Weltschöpfer«,[5] insofern er die Welt in Differenzen, die als solche natürlich aufeinander bezogen sind, auflöst. Insofern ist die durch den Begriff konstituierte Welt bis ins Unendliche gegliedert. Aber differenzierende Gliederung ist die des Einen vom Anderen; sie erfordert also ein stetes Übergehen vom Einen zum Andern. Das Eine wird nur *durch* das Andere gesetzt. Wenn wir ein »Durch« denken, so denken wir Bewegung oder, wie Fichte sagt: »Leben«. Was lebt, ist das im Hintergrund bleibende Übergehen selbst, nicht das Resultat, der Gegenstand. Begreifen ist seinem Wesen nach Übergang von Einem zum Andern.

Das wahre Leben, das Sein oder Gott tritt in Erscheinung, allerdings nicht unmittelbar, sondern als ein der Erscheinung selbst verborgener Akt. Es ist aber dem

5 GA I 9, 97; SW V 454.

gründlichen Denken zugänglich, das die Welt, den Begriff, hinterfragt, wie es die Wissenschaftslehre tut. Weil es Wahrheit einsieht, begreift es sich als Tätigkeit des Absoluten selbst; denn dieses ist als Eines schlechterdings wahr. Diese Tätigkeit des Daseins ist das Sein selbst und kennt daher keinen Unterschied zwischen Transzendenz und Immanenz.

Die Tätigkeit des Seins ist als unbedingte um ihrer selbst willen. Stellt sie das Bewußtsein als Affekt vor, so begreift es sie als Liebe. Da das Sein im Dasein zur Erscheinung kommt, so auch dessen Tätigkeit, und es liebt »eben dieses Urbild«.[6] Dieses Urbild wird nicht als Bild der Liebe geliebt, sondern als diese selbst; sie ist als Erscheinung ihrer selbst die Liebe im Dasein selbst. So wie in den Jenaer Jahren Streben und Trieb als die bewegenden Momente begriffen wurden, so hier die Liebe. Sie ist »höher, denn alle Vernunft, und sie ist selbst die Quelle der Vernunft, und die Wurzel der Realität, und die einzige Schöpferin des Lebens«.[7] Mit diesem Gedanken hat Fichte »den höchsten realen Gesichtspunkt [...] der wahren Spekulation, zu welchem wir bis jetzt hinaufstiegen, endlich klar ausgesprochen«.[8]

Die Liebe ist eine, zeigt sich aber wie die objektive Welt im Bewußtsein differenziert. Der Begriff differenziert auf zweifache Weise, einmal, wie schon angeführt, ins Unendliche; dadurch wird die Welt ein unendliches Forschungsfeld. Die andere gleichursprüngliche Differenzierung oder, wie Fichte sagt, Spaltung differenziert in fünf Standpunkte oder auch Perspektiven. Diese ent-

6 GA I 9, 134; SW V 498.
7 GA I 9, 167; SW V 541 f.
8 GA I 9, 168; SW V 542.

sprechen fünf Stufen der Entwicklung geistigen Lebens und der Liebe, wie Fichte sie auch in seiner Geschichtsphilosophie kennt. Die erste Spaltung differenziert die Welt ins Unendliche, also das Objekt überhaupt, die zweite die Möglichkeiten der Perspektive auf das Objekt. Sie fragt, von welchem Standpunkt aus die Welt in ihrer Unendlichkeit, worin die Realität gesehen und entsprechend geliebt wird, angesehen wird, nämlich erstens in der Sinnlichkeit, zweitens in der Form des Gesetzes, drittens in dessen Gehalt, viertens in der Religion und fünftens in der Wissenschaftslehre.

Die erste Perspektive nimmt das Objekt als wahres Sein; es ist doch da. Aber es vergeht auch, ist also gar kein Sein, sondern Werden. Die Vernunft ist hier nur als Vernunftinstinkt wirksam. Die Praxis, die Liebe, geht hier aufs Sinnliche, das ist auf Genuß. Die wahre Realität ist hier die sinnliche Welt.

Die zweite Perspektive kennt schon Ordnung und Gesetz, besonders unter vernünftigen Wesen. Hier ist das Gesetz die wahre Realität, nicht Freiheit oder Menschlichkeit. Wie stets ordnet sich die höhere Perspektive die niedere unter. Nur in dieser Perspektive tritt der Schein auf, daß man gegen das Gute handeln könne. Nur hier erscheint das Gute als Gesetz, dem ich gehorchen kann oder nicht.

Die dritte Perspektive kennt Ordnung und Gesetz wie auch die zweite, aber jetzt nicht als rein ordnendes Gesetz, sondern als erschaffendes. Unter der vorigen Perspektive werden widerstrebende Kräfte zur Ruhe gebracht, indem die Form des Gesetzes regiert; hier regiert der Gehalt, um den es geht, das Gute, Schöne und Heilige, was geschaffen werden will. In dieser Perspektive soll das, was das Absolute ist, zur Erscheinung kommen; darauf gehen Tätigkeit und Liebe. Die Realität ist hier das Gute, Schöne und Heilige.

Die vierte Perspektive ist die der Religion. Das Tun des Guten wird hier nicht als das Tun des Menschen, der Erscheinung, gesehen, sondern als das des Absoluten selbst. Dieser religiöse Standpunkt erfaßt Gott nicht als Begriff, der nur leer sein kann, das ist als gehaltloser Schattenbegriff. Der Gehalt kann nur in dem sein, was Gott ist, im Tun des Guten. Das Leben der Gottheit ist die Realität. Gott »*ist* dasjenige, was der ihm ergebene, und von ihm begeisterte *thut*«.[9] Weil Gott tätiges Sein ist, ist er im Handeln.

Die fünfte Perspektive ist die der Wissenschaftslehre. Sie sieht die Zusammenhänge, die für die vier vorangehenden Standpunkte nur faktisch sind, ein und reflektiert sie wissenschaftlich. Der Unterschied liegt also hier in der Form, nicht im Gehalt. Der Standpunkt der Religion ist der Glaube, der der Wissenschaftslehre das Schauen. Beide Perspektiven verhalten sich betrachtend: bei der vierten wird das eigene Tun nicht, wie unter der dritten, als eigenes, sondern als göttliches betrachtet, die fünfte verhält sich rein betrachtend. Das göttliche Leben ist hier die wahre Realität; das Bewußtsein wird in seiner Nichtigkeit eingesehen. Diese Perspektive ist es, die das Leben seiner selbst versichert und es leitet.

Fichte hat in der Mitte der Vorlesungsreihe, in der sechsten Vorlesung, seine Darlegung unterbrochen, um zu zeigen, daß die Grundannahmen der Wissenschaftslehre im wahrhaft verstandenen Christentum schon aus-

9 GA I 9, 111; SW V 472.

gesprochen sind. Dieses recht verstandene Christentum ist für ihn das Johanneische Christentum, nicht das Paulinische, das einen Willkürgott kenne. Fichtes Deutung des Christentums orientiert sich nicht an den überlieferten Urkunden und der Tradition. Kurzum, die von der Wissenschaftslehre jetzt mit voller Klarheit herausgearbeitete Lehre ist die seit eh und je bekannte einzig wahre. Fichte berücksichtigt keine historische Kenntnis. Man kann dies so verstehen, daß Wahrheit für ihn Einheit ist, daß sie also immer schon – wenn auch nicht reflexiv erfaßt – im Bewußtsein gegenwärtig ist. Die Wissenschaftslehre spricht die alte ewige Wahrheit endlich mit Klarheit aus.

Man kann sich über diesen Fichteschen Anspruch – zum Beispiel ironisch – hinwegsetzen; dann erspart man sich die Arbeit der Prüfung, ohne welche eine sinnvolle Rede über diesen unmöglich ist. Es ist jedoch zu bedenken, daß wir nichts äußern können, ohne Wahrheit zu beanspruchen. Wer also Fichte den Anspruch streitig machen will, kann dies nur dann tun, wenn er dieses in Wahrheit tun will. Somit kann man Fichtes Anspruch nicht bestreiten, ohne für das eigene Tun diesen selbst zu erheben. Ein Anspruch ist freilich keine Einlösung. Daß Fichte aber zur mitvollziehenden Prüfung seiner Gedanken immer wieder aufgefordert hat, ist nicht zu übersehen.

13. Zur Rezeptions- und Wirkungsgeschichte

Die *Anweisung* hat Fichte, wie bemerkt, als Gipfel seiner populären Reden angesehen. Mit ihr schließt unsere Darstellung. Es bleibt noch ein Wort zu seinem Leben und Nachleben zu sagen. Nach den *Reden* erkrankte nicht nur Fichte, sondern die ganze Familie, und zwar für längere Zeit. Inzwischen waren die Pläne, in Berlin eine Universität zu errichten, so weit gediehen, daß die neue Universität im Herbst 1810 ihre Tätigkeit beginnen konnte. Fichte wurde, inzwischen wieder genesen, zum Professor der Philosophie berufen und Dekan der Philosophischen Fakultät. Im Jahr 1811 wurde er zum Rektor gewählt. Da er einen Entschluß des Senats, der einen ärmeren jüdischen Studenten unrecht behandelte, nicht durchführen wollte, trat er vom Amt zurück. Die Regierung nahm den Rücktritt an und gab in der Sache Fichte recht. Fichte beschränkte darauf seine Tätigkeit auf die Lehre. Er las unter verschiedenen Titeln Hinführungen zur Wissenschaftslehre, dann diese selbst, auch zur Rechtsphilosophie und zur Ethik. Der Feldzug Napoleons gegen Rußland unterbrach in den Jahren 1813 und 1814 die Lehrtätigkeit. Im Januar 1814 erkrankte Fichte, und er starb am 29. dieses Monats. Er wurde mit großen Ehren bestattet.

Fichtes Lehrstuhl wurde 1818 neu besetzt, und zwar mit Hegel, der bis zu seinem Tod 1831 in Berlin lehrte. Er hatte – anders als Fichte – Zeit, eine Schule zu bilden, die auch nach seinem Tod sogleich eine Ausgabe seiner Werke und Vorlesungen, die *Freundesvereinsausgabe*, herausgab. Fichtes Wissenschaftslehre, und das heißt, da die spätere überhaupt nicht im Druck erschienen war, einzig die frühe, war in der Sicht Hegels nur eine Stufe zu seiner eigenen Philosophie. Daran änderte das Erscheinen der *Nachgelassenen Schriften* Fichtes kurz nach Hegels Tod in den Jahren 1834 und 1835 ebensowenig wie das seiner *Sämmtlichen Werke* 1845 und 1846. Fichte galt als überholt. In der Erinnerung blieben die *Reden an die deutsche Nation*, allerdings nun nicht mehr aus der Sicht des Gesamtwerkes verstanden. Auch war die nach Fichtes Tod einsetzende Restauration seinem Werk nicht günstig. Die demokratische Tendenz der *Reden* wurde mißbilligt und diese sogar verboten. Es wurde daher ruhig um Fichte.

Fichtes 100. Geburtstag 1862, auch sein 50. Todestag 1864 zogen Aufmerksamkeit auf sich. Es waren allerdings die *Reden an die deutsche Nation*, auf die man fast ausschließlich einging. Im Zuge des sich nun abzeichnenden kleindeutschen Reichs wurden sie preußisch-national verstanden und eingesetzt. So geschah es dann auch in den folgenden Jahrzehnten. Singulär war und blieb lange Zeit die Gesamtdarstellung Johann Heinrich Loewes.[1] In Philosophiegeschichten war Fichte nicht zu übergehen. Im übrigen war die Wissenschaftslehre bis zum Anfang des 20. Jahrhunderts fast vergessen.

In der Folge des Neukantianismus wurde der Deutsche Idealismus dann wieder beachtet. In den Jahren 1909 bis 1911 erschien eine von Fritz Medicus veranstaltete *Auswahl in sechs Bänden* von Fichtes Werken, die sich im Wesentlichen auf die *Sämmtlichen Werke* und die

1 *Die Philosophie Fichte's nach dem Gesammtergebnisse ihrer Entwickelung und in ihrem Verhältnisse zu Kant und Spinoza*, Stuttgart 1862.

Nachgelassenen Schriften stützte. Eine intensive Beschäftigung mit Fichte ergab sich jedoch auch daraus nicht. Vor allem blieb der Nachlaß Fichtes mit seinen Vorlesungsmanuskripten, insbesondere zur Wissenschaftslehre, unediert. Der späte Fichte konnte so nicht zureichend diskutiert werden.

Katastrophal für Fichte wirkte sich seine Vereinnahmung durch den Nationalismus aus, weil später der Nationalsozialismus daran anschloß. Kein Werk Fichtes wurde in Deutschland so oft nachgedruckt wie die *Reden an die deutsche Nation.* Zweifellos übersah man die Aufforderung zu sittlicher Erziehung, den kosmopolitischen Zug, überhaupt den Gesamtzusammenhang, in dem die *Reden* stehen. Die Vereinnahmung durch den Nationalsozialismus wirkt dennoch bis heute nach und macht Fichte verdächtig.

Die Kenntnis der eigentlichen Leistung Fichtes, der Wissenschaftslehre, war über lange Zeit so gut wie nicht vorhanden. Einzig in Frankreich erschien von 1922 bis 1927 ein monumentales Werk, nämlich Xavier Léons in drei Büchern erschienene Darstellung *Fichte et son temps.* Erst nach dem zweiten Weltkrieg setzte – zunächst zögerlich – eine Auseinandersetzung mit Fichte ein, und zwar jetzt endlich mit der Wissenschaftslehre. Zwei jüngere deutsche Philosophen, Wolfgang Janke und Reinhard Lauth,[2] studierten und lehrten Fichte intensiv. Lauth gelang es sogar, die *J. G. Fichte-Gesamtausgabe* auf den Weg zu bringen. Günstig war dem Unternehmen, daß man, durch die Kriegsverluste gewarnt, unveröffentlichtes Gut durch eine Edition vor dem gänzlichen Untergang be-

2 Siehe dazu die Auswahlbibliographie in diesem Band.

wahren wollte. Im Jahr 1962 erschien der erste Band der Ausgabe. Lauth konnte sie fast bis zu ihrem Ende leiten; er verstarb 2007; der letzte Band erschien 2012. Das große Verdienst der Ausgabe ist die Veröffentlichung des Nachlasses, vor allem der späten Darstellungen der Wissenschaftslehre. Durch die Ausgabe wurde Aufmerksamkeit auf Fichte gelenkt; nicht zuletzt durch die genannten Forscher und im Laufe der Zeit durch deren Schüler und weitere Interessierte blühte die Fichte-Forschung im deutschen Sprachraum auf. Aber nicht nur dort, rund um den Erdball nahm die Fichte-Forschung zu, auch in Amerika und Asien verbreitete sie sich. Schließlich organisierte sie sich in der Internationalen J. G. Fichte-Gesellschaft. Diese gab sehr bald eine Zeitschrift, die *Fichte-Studien* mit einer eigenen Reihe *Supplementa* heraus und organisierte Tagungen und Kongresse. Die Bemühungen um eine angemessene Kenntnis der Wissenschaftslehre wachsen und damit auch die Auseinandersetzung mit ihr.

Zu dieser Auseinandersetzung möchte die vorliegende Schrift den Weg bereiten, indem sie für ein zureichendes Verständnis der Wissenschaftslehre wirbt. Dieses ist die Voraussetzung jeder Auseinandersetzung. An einigen Stellen wurde auf mögliche Punkte solcher Diskussion hingewiesen. Es würde den Verfasser freuen, wenn er zu deren Versachlichung einen Beitrag hätte leisten können.

Zur Zitierweise

Die Texte Fichtes werden nach der *J. G. Fichte-Gesamtausgabe*, hg. v. R. Lauth u. a., Stuttgart 1962 ff., 42 Bde., mit der üblichen Sigle GA zitiert. Die Reihe (I Werke, II Nachgelassene Schriften, III Briefe, IV Kollegnachschriften) wird mit einer römischen Ziffer angezeigt, darauf folgt in arabischer Ziffer der Band, darauf nach einem Komma die Seitenzahl. Da neben dieser Ausgabe die *Sämmtlichen Werke*, hg. v. I. H. Fichte, Berlin 1845 ff., 8 Bde. (Sigle SW), im Gebrauch sind, folgt, wenn möglich, auf die Angabe der GA die der SW, wobei die römische Ziffer den Band, die folgende arabische die Seitenzahl angibt. Mit der Sigle SW IX-XI werden wie üblich auch die *Nachgelassenen Werke*, hg. v. I. H. Fichte, Bonn 1834 f., zitiert.

Kants Werke werden mit den üblichen Siglen zitiert, und zwar nach den *Gesammelten Schriften*, hg. v. der Preußischen Akademie der Wissenschaften, Berlin 1900 ff. (abgekürzt: *Schriften*).

Hervorhebungen in Zitaten sind kursiviert, doppelte Hervorhebungen in Kapitälchen gesetzt.

Auswahlbibliographie

Diese Auswahlbibliographie soll Interessierten ermöglichen, weiter in die Wissenschaftslehre einzudringen. Zunächst wird auf Ausgaben Fichtescher Werke und zeitgenössische Texte verwiesen. Sodann werden andere Einführungen, die jeweils ihre eigene Perspektive haben, aufgeführt, ferner Kommentare, die helfen können, sich in die Schriften Fichtes einzuarbeiten, schließlich Sammelwerke, die Aspekte der Wissenschaftslehre beleuchten. Werke zum Lebenswerk und Leben Fichtes schließen ab. Bei allen Texten der Sekundärliteratur ist zu berücksichtigen, daß erst seit Abschluß der Gesamtausgabe im Jahr 2012 alle Texte Fichtes vorliegen.

Texte

Die GA und die SW sind bei der Notiz zur Zitierweise bereits angeführt. Einzelausgaben wichtiger Fichtescher Schriften sind im Buchhandel erhältlich, oft mit Einführungen versehen.

Als Textsammlung Fichtescher Werke sind zwei Bände mit zugehörigen Kommentaren erschienen:

Johann Gottlieb Fichte. Schriften zur Wissenschaftslehre, hg. v. Wilhelm G. Jacobs, Frankfurt/M. 1997.

Johann Gottlieb Fichte. Schriften zur Angewandten Philosophie, hg. v. Peter Lothar Oesterreich, Frankfurt/M. 1997.

Nachrichten über Fichte sind gesammelt in:

J. G. Fichte im Gespräch. Berichte der Zeitgenossen, 7 Bde., hg. v. Erich Fuchs, Stuttgart-Bad Cannstatt 1978 ff.

Die Rezeption Fichtescher Werke ist dokumentiert in:

J. G. Fichte in zeitgenössischen Rezensionen, hg. v. Erich Fuchs, Wilhelm G. Jacobs, Walter Schieche, 4 Bde., Stuttgart-Bad Cannstatt 1995.

Die Literatur zu Fichte ist in zwei Bibliographien gesammelt:

Hans Michael Baumgartner, Wilhelm G. Jacobs, *J. G. Fichte-Bibliographie*, Stuttgart-Bad Cannstatt 1968.

Sabine Doyé, *J. G. Fichte-Bibliographie*, Amsterdam u. a. 1990.

Weitere Literatur zu Fichte findet man in den seit 1990 in Amsterdam erscheinenden *Fichte-Studien*. Die einzelnen Bände sind thematisch angelegt und ausgezeichnet. Im Rezensionsteil unterrichten sie über Neuerscheinungen.

Einführungen

Helmut Seidel, *Johann Gottlieb Fichte zur Einführung*, Hamburg 1977.

Peter Rohs, *Johann Gottlieb Fichte*, München 1991.

Peter Lothar Oesterreich, Hartmut Traub, *Der ganze Fichte. Die populäre, wissenschaftliche und metaphilosophische Erschließung der Welt*, Stuttgart 2006.

Karsten Schröder-Amtrup, *J. G. Fichte. Leben und Lehre. Ein Beitrag zur Aktualisierung seines Denkens und Glaubens*, Berlin 2012.

Günter Zöller, *Fichte lesen*, Stuttgart-Bad Cannstatt 2013.

Kommentare

Wissenschaftslehre 1804. Wahrheits- und Vernunftlehre. I.-XV. Vortrag, Einleitung und Kommentar v. Wolfgang Janke, Frankfurt/M. 1966.

Joachim Widmann, *Die Grundstruktur des Transzendentalen Wissens nach Joh. Gottl. Fichtes Wissenschaftslehre 1804²*, Hamburg 1977.

Jürgen Stolzenberg, »Fichtes Satz ›Ich bin‹«, in: *Fichte-Studien* 6 (1994), S. 1-34.

Wolfgang Janke, *Johann Gottlieb Fichtes »Wissenschaftslehre 1805«. Methodisch-systematischer und philosophiegeschichtlicher Kommentar*, Darmstadt 1999.

Johann Gottlieb Fichte, Grundlage des Naturrechts, hg. v. Jean-Christophe Merle, Berlin 2001.

Wolfgang Class, Alois K. Soller, *Kommentar zu Fichtes Grundlage der gesamten Wissenschaftslehre*, Amsterdam New York 2004.

Matteo Vincenzo d'Alfonso, *Vom Wissen zur Weisheit. Fichtes Wissenschaftslehre 1811*, Amsterdam New York 2005.

Rainer Schäfer, *Johann Gottlieb Fichtes »Grundlage der gesamten Wissenschaftslehre« von 1794*, Darmstadt 2006.

Sammelwerke

Reinhard Lauth, *Zur Idee der Transzendentalphilosophie*, München, Salzburg 1965.

Erneuerung der Transzendentalphilosophie im Anschluß an Kant und Fichte, hg. v. Albert Mues und Klaus Hammacher, Stuttgart-Bad Cannstatt 1979

Der transzendentale Gedanke. Die gegenwärtige Darstellung der Philosophie Fichtes, hg. v. Klaus Hammacher, Hamburg 1981.

Transzendentalphilosophie als System. Die Auseinandersetzung zwischen 1794 und 1806, hg. v. Albert Mues, Hamburg 1989.

Reinhard Lauth, *Transzendentale Entwicklungslinien von Descartes bis zu Marx und Dostojewski*, Hamburg 1989.

Reinhard Lauth, *Vernünftige Durchdringung der Wirklichkeit. Fichte und sein Umkreis*, München 1994.

Fichtes Wissenschaftslehre 1794. Philosophische Resonanzen, hg. v. Wolfram Hogrebe, Frankfurt/M. 1995.

Sein – Reflexion – Freiheit. Aspekte der Philosophie Johann Gottlieb Fichtes, hg. v. Christoph Asmuth, Amsterdam 1997.

Fichtes Entlassung. Der Atheismusstreit vor 200 Jahren, hg. v. Klaus-Michael Kodalle, Würzburg 1999.

Der transzendentalphilosophische Zugang zur Wirklichkeit. Beiträge aus der aktuellen Fichte-Forschung, hg. v. Erich Fuchs, Marco Ivaldo, Giovanni Moretto, Stuttgart-Bad Cannstatt 2001.

Fichte und die Aufklärung, hg. v. Claudia de Pascale, Hildesheim 2004.

Fichtes praktische Philosophie. Eine systematische Einführung, hg v. Hans Georg von Manz, Hildesheim 2006.

Gesamtdarstellungen

Dieter Henrich, *Fichtes ursprüngliche Einsicht*, Frankfurt/M. 1967.

Wolfgang Janke, *Fichte. Sein und Reflexion – Grundlagen der kritischen Vernunft*, Berlin 1970.

Peter Baumanns, *J. G. Fichte. Kritische Gesamtdarstellung seiner Philosophie*, Freiburg/München 1990.

Wolfgang Janke, *Vom Bilde des Absoluten. Grundzüge der Phänomenologie Fichtes*, Berlin 1993.

Biographien

Johann Gottlieb Fichte's Leben und literarischer Briefwechsel, 2 Bde., hg. v. Immanuel Hermann Fichte, Sulzbach 1830 f. (2. Aufl. 1862).

Fritz Medicus, *Fichtes Leben*, Leipzig 1914, 2. Aufl. 1922.

Wilhelm G. Jacobs, *Johann Gottlieb Fichte. Eine Biographie*, Berlin 2012.

Manfred Kühn, *Johann Gottlieb Fichte. Ein deutscher Philosoph*, München 2012.

Zeittafel

19. Mai 1762	Fichte wird in Rammenau geboren.
Etwa 1773	Stadtschule in Meißen.
1774-1780	Schulpforta.
1780-1785	Student in Jena, Leipzig, Wittenberg.
1785-1792	Hofmeister bei verschiedenen Familien.
1790	Verlobung mit Johanne Rahn aus Zürich.
1790	Kantlektüre, vor allem der *Kritik der praktischen Vernunft*.
1791	Besuch bei Kant.
1792	*Versuch einer Kritik aller Offenbarung* erscheint und macht Fichte berühmt.
1793	Verheiratung mit Johanne Rahn.
1794-1799	Professor der Philosophie in Jena.
1794/95	*Grundlage der gesammten Wissenschaftslehre.*
1795	Streit mit den studentischen Orden in Jena.
1796	Geburt des Sohnes Immanuel Hermann.
1798-1799	Atheismusstreit. Fichte wird entlassen und besucht Berlin.
1800	Umzug der Familie nach Berlin.
1804	Fichte liest in Berlin dreimal die Wissenschaftslehre.
1805	Berufung nach Erlangen; Fichte liest nur im Sommer dort an der Universität. Ab Herbst wieder in Berlin.
1806	*Grundzüge des gegenwärtigen Zeitalters, Ueber das Wesen des Gelehrten, und seine Erscheinungen im Gebiete der Freiheit, Die Anweisung zum seeligen Leben, oder auch die Religionslehre* erscheinen.
Oktober	Flucht nach Königsberg.
1807	dort Professor, Weiterflucht nach Kopenhagen und Rückkehr nach Berlin.
1808	*Reden an die deutsche Nation* erscheinen. Ab Sommer Krankheit.
1810	Gründung der Berliner Universität. Fichte wird dort Professor und Dekan.

1811	Wahl zum Rektor.
1812	Rücktritt vom Rektorat.
29. Januar 1814	Tod Fichtes.

Namenregister